비행하는 세계사

초판 1쇄 발행 2019년 1월 7일

지은이 이청훈
펴낸이 권미경
편 집 김남혁
마케팅 심지훈, 정세림
디자인 김종민
펴낸곳 (주)웨일북
등록 2015년 10월 12일 제2015-000316호
주소 서울시 마포구 월드컵로 32길 22 비에스빌딩 5층
전화 02-322-7187 **팩스** 02-337-8187
메일 sea@whalebook.co.kr **페이스북** facebook.com/whalebooks

소중한 원고를 보내주세요.
좋은 저자에서 좋은 책이 나온다는 믿음으로, 항상 진심을 다해 구하겠습니다.

이 도서의 국립중앙도서관 출판예정도서목록(CIP)은 서지정보유통지원시스템 홈페이지(http://seoji.nl.go.kr)와 국가자료공동목록시스템(http://www.nl.go.kr/kolisnet)에서 이용하실 수 있습니다.(CIP제어번호: CIP2018040978)

비행하는 세계사

>‡ 12개 나라 여권이 포착한 결정적 순간들 ‡<

이청훈 지음

whale 🐋 books

여권을 펼치면 새로운 세계와 만난다

여권은 각 나라가 발행하는 국제 신분증이다. 그렇지만 여권은 한 나라의 문화가 그대로 드러나는 물건이기도 하다. 반지, 목걸이 같은 물건이 한 사람의 개성을 드러내듯이 여권은 한 나라의 개성을 드러낸다. 그리고 오늘도 세계인들은 각자의 손에 자기 나라의 여권을 들고 세계를 여행한다. 그리고 동시대의 세계인들이 그 여권을 접한다.

　나는 그동안 직업 특성상 많은 여권을 만나왔다. 그 세월은 대개 공식적인 업무의 연속이었지만, 한편으로는 여권에 다양한 이야기와 역사가 담겨 있다는 사실을 깨닫는 유레카의 순간들이었다. 이 책은 그런 경험을 독자들과 공유하려고 썼다. 얼핏 생각하면 여권은 세상의 거의 모든 여행자가 가지고 있는, 흔하디흔한 물건이다. 하지만 개인 정보를 담은 민감하고 특별한 물건이기도 하다. 그러다 보니 다른 나라 사람의 여권이 아무리 궁금해도 구석구석 살펴보기란 쉽지 않다. 그런 의미에서 나는 이 책이 나름의 역할을 할 것으로 기대한다. 좀처럼 만나기 어렵고, 만난다 해도 찰나에 그칠 수밖에 없는 여권과의 만남을 길게 해주는 역할 말이다.

이 책은 12개 나라의 여권을 소개하고 있다. 수많은 나라 중에서도 이들을 뽑은 이유는 여권에 담긴 이야기가 풍부하고, 담긴 이야기의 메시지가 강렬하며, 우리와 교류가 왕성한 나라들이기 때문이다. 그중에는 인류 보편적인 주제를 담고 있는 경우도 있고, 그 나라만의 독특한 문화를 드러내는 경우도 있다. 독자 여러분들이 평소 잘 접하지 못했을 여권의 역사와 미래에 대한 이야기도 담았다.

비록 작은 책이지만 많은 분의 도움이 있었다. 먼저 어려운 환경에서도 4남매를 정성으로 키워주신 아버지와 어머니께 감사드리고 싶다. 그리고 전국의 동료 출입국심사관들께도 인사를 전하고 싶다. 그들은 세계 여권에 있어서 최고의 전문가 집단이며 나는 그들의 일원으로서 여권에 대해 배웠다. 김남혁 편집자님과 웨일북 출판사에도 감사드린다. 생소한 주제를 높게 사 독자들에게 인도해 주셨다. 위키피디아Wikipedia도 언급해야겠다. 모두가 아무런 제한 없이 접근할 수 있는 공동의 지적 재산이 있다는 것은 분명 행복한 일이다. 끝으로 아내는 이 낯선 여정에 큰 힘이 되어주었다. 그녀의 격려가 없었다면 이 책도 나올 수 없었다. 사랑하는 아내에게 이 책을 바친다.

우리가 여권을 챙길 때는 새로운 세계와 만나려고 할 때다. 그리고 여권을 가지고 떠나는 순간 그 세계가 펼쳐진다. 이 책도 여러분에게 또 하나의 새로운 세계이길 빈다.

2019년, 이청훈

목차

01

캐나다

CAN

대서양에서 출발한 희망의 달리기

여권에 담긴 희망의 이야기

희망은 중요하다. 우리가 희망하는 건 오늘 점심 메뉴일 수도 있고 이번 주에 발표하는 복권일 수도 있다. 그것은 몇 년 뒤 들어갈 대학이나 신규 아파트일 수도 있다. 지금 당신이 만원 지하철 안에 서 있다면 '곧 자리가 나겠지' 하는 한 가닥 바람일 수도 있다.

희망은 개인도 가지지만 세대도 가진다. 나보다 내 자식 세대가 잘 살 거라는 희망, 다음 세대는 국민소득 4만 달러를 넘어설 거라는 희망 등이 그것이다. 희망에는 인류적인 것도 있다. 태고에 인간은 날지 못했다. 그러나 사람들은 새처럼 날고 싶다는 희망을 버리지 않았고, 그 희망은 결국 현실로 이루어졌다. 캐나다 여권의 한 페이지는 희망을 담고 있다. 정말 어려워 보이는 희망이다. 한 청년이 품었고 인류가 언젠가 실현할지도 모를 희망이다.

여기, 운동화를 신은 청년이 가쁜 숨을 쉬며 도로를 달리고 있다.

오른발에 이어 왼발이 땅에 닿는다. 그다음은 좀 이상하다. 발이 끌리듯 왼발이 또 닿기 때문이다.

이 청년의 오른 다리는 의족이다. 그래서 그는 의족으로 한 번 딛고, 다른 발로 잘게 두 번을 디뎌야만 양쪽의 보폭을 맞출 수 있다. 그만큼 이 달리기는 청년에게 힘든 일이다. 그런데도 청년은 40킬로미터가 넘는 거리를 매일 달리고 있다. 그 거리라면 매일 마라톤을 뛰는 셈이다. 벌써 5달째다. 보통 사람도 어려운 일을 청년은 왜 하는 것일까?

테리 폭스Terry Fox, 1958~1981는 어려서부터 만능 스포츠맨이었다. 두 다리는 멀쩡하다 못해 탄탄했다. 그는 육상 대표였고, 농구팀 선수였다. 그런 그에게 가혹한 운명이 찾아온 건 18세 때였다. 골육종이라는 병명의 암 판정을 받은 것이다. 그는 암이 더 퍼지는 것을 막기 위해 수술대에 올라야 했고, 오른 다리 전체를 포기해야 했다. 그리고 그 자리엔 의족을 달았다.

폭스는 자신의 암 치료 과정에서 많은 환자들을 보았다. 사람들이 암으로 고통받는 모습은 그에게 충격이었다. 그러나 그는 병원에 있는 동안 희망을 주는 사실도 하나 알게 되었다. 항암 연구 덕분에 어떤 종류의 암은 사망률이 35퍼센트나 감소했다는 것이었다. 폭스는 퇴원하는 날 희망을 하나 품었다. 인간이 노력하면 암도 극복할 수 있고, 그날을 앞당기는 데 자신이 공헌하고 싶다는 희망이다.

그는 암을 정복하려면 연구가, 연구에는 기금이 필요하다는 점도 잘 알고 있었다. 그런데 연구 기금을 조성하는 일은 사회적 관심 없이는 어려운 일이었다. 폭스는 생각했다. 자기가 할 수 있는 일은 무엇일까. 그가 생각해낸 아이디어는 캐나다 횡단 마라톤이었다. 자신처럼 암으로 다리를 잃은 사람이 마라톤을 벌인다면 국민들이 관심을 보일 것이라는 희망이 생겼기 때문이었다.

대서양에서 의족에 물을 적시다

그의 나이 21세, 폭스는 계획을 실행에 옮겼다. 캐나다의 동부에서 출발, 대륙을 횡단해 서부까지 가는 여정이었다. 그 여정에 '희망 마라톤'이라는 이름도 직접 붙였다. 마라톤은 원래 장거리를 얼마나 빨리 뛰는지 재는 경기지만, 폭스에게는 의미가 달랐다. 그에게 마라톤은 항암 연구 기금의 필요성을 사람들에게 알리는 수단이었다. 그에게 시간은 중요하지 않았다. 그에게 중요한 기록은 그가 모을 수 있는 금액이었다. 목표액은 2,400만 캐나다 달러(약 200억 원)였다.

폭스는 대서양에서 자신의 의족에 바닷물을 적셨다. 자기 나름의 출발 의식이었다. 나중에 태평양에 도착하면 또 한 번 바다를 찾을 생각이었다. 1980년 4월 12일 그는 달리기를 시작했다. 런닝 팬츠를 입고 운동화를 신고 하루 평균 42킬로미터를 달렸다. 도로 위에 비가 오고 폭풍도 쳤다. 운전자들은 그에게 도로에서 비켜나라고 소리쳤다. 모금도 생각만큼 되지 않았다. 다행히 고등학교 때 친구, 그리고 나중엔 동생이 뒤따라와주는 것이 위안이었다. 그들은 폭스에게 무슨 일이 생길 것을 대비해 차를 몰며 따라왔다. 그렇게 이 젊은이

1980년 7월 12일 캐나다 온타리오주 토론토에서 달리고 있는 테리 폭스. 티셔츠에 '희망 마라톤marathon of hope'이라는 글씨가 보인다.(출처: Jeremy Gilbert)

들은 같이 밥을 해 먹으면서 여정을 이어갔다. 폭스는 생일에도 쉬지 않았다. 물집이 잡히고 살이 쓸렸다.

이즈음 한 기업인이 뜻밖의 선물을 해주었다. 자신의 호텔 체인에서 세 사람이 숙식을 해결하며 달리라는 것이었다. 그리고 폭스가 뛰는 거리만큼 모금액을 내겠다는 약속도 했다. 자녀를 암으로 잃었다는 그 기업인의 격려는 폭스에게 큰 힘이 되었다.

그렇게 4달을 넘어갈 무렵, 캐나다인들이 술렁이기 시작했다. 일부 구간에서는 함께 뛰는 사람들이 생겨났다. 그가 수도 오타와를 지나갈 때는 총독과 총리까지 그를 응원해주었다. 언론사에서도 인터뷰를 청했다.

"당신은 몸이 정상이 아닌데, 왜 이런 희생을 하는 거죠?"

"저는 희생이라고 생각하지 않아요. 제가 좋아서 하는 일인데 왜 희생이겠어요. 사람들은 미쳤다고 할지 모르겠지만 저는 이 일이 좋아요."

그리고 그는 이 말도 덧붙였다.

"2,400만 달러가 꿈이라고 생각하지 않습니다. 2,400만 캐나다인 모두가 1달러씩 내면 이룰 수 있는 돈 입니다."

이제 캐나다인들의 관심은 폭스의 마라톤에 모아졌다. 그가 얼마나 달릴지, 모금액은 얼마가 될지가 많은 사람들의 관심사였다. 그리고 그는 캐나다인들의 마음을 한데 모으는 국민적 영웅이 되어가고 있었다. 아무것도 가진 게 없는 21세 청년. 그러나 그에겐 모든 사람의 희망이 뒤따르고 있었다.

태평양은 아직 먼데…

그대로 달리면 태평양까지 도달할 것만 같았다. 그러던 9월 1일, 그는 기침과 가슴 통증을 호소하며 달리기를 중단했다. 143일간 5,373킬로미터를 달린 후였다. 총 8,000킬로미터의 여정을 계획했으니 여정의 3분의 2를 마친 지점이었다. 진단 결과 폭스의 몸에는 암이 재발해 있고 암세포가 폐까지 번진 상태였다. 그는 병원으로 후송됐다.

그러자 그가 입원한 병원으로 그의 회복을 비는 편지가 전국에서 쇄도했다. 다른 나라에서도 왔다. '캐나다 테리 폭스 앞'이라고만 적혀 있어도 편지가 배달되었다. 그를 위해 기도한다며 교황 요한 바오로 2세도 전문을 보내왔다. 이렇게 그가 투병하는 동안 주위에선 많은 일이 일어났다. 그중 무엇보다도 큰 것은 도저히 이룰 수 없을 것 같던 2,400만 달러 모금액이 달성된 것이었다.

그러나 폭스는 이듬해인 1981년 6월 끝내 사망한다. 그의 나이 22세, 꽃과 같은 나이였다. 원래 테리 폭스의 희망 마라톤은 캐나다 동쪽 끝 뉴펀들랜드주에서 시작해 서쪽 끝 브리티시컬럼비아주까지 달리는 8,000킬로미터의 여정이었다. 그러나 폭스는 온타리오주 선더베이 지역 도로 위에서 달리기를 중지했다.

그는 어느 항암 기관에 보낸 편지에서 "어딘가에서 그 고통은 반드시 끝나야 합니다. 나는 그 믿음을 위해 내 자신의 한계 끝까지 갈 것입니다"라고 쓴 바 있다. 그는 자신의 말을 목숨으로 실천했다. 그가 사망한 날 캐나다 수상은 "그는 불행에 쓰러진 사람이 아니라 우리에게 역경을 극복하는 인간 정신의 승리를 보여준 사람입니다"라고 말했다.

테리 폭스 달리기 대회와 항암 연구 기금

테리 폭스가 세상을 떠나고 1981년 9월부터 '테리 폭스 달리기 대회 Terry Fox Run'가 열리고 있다. 이 행사는 그가 마라톤을 중단한 9월에 열리는데, 그의 뜻을 이어받아 달리자는 취지로 매년 같은 달에 열린

테리 폭스 달리기 대회는 여러 나라에서 열린다. 사진은 베트남에서 열린 2016년 대회.(출처: 테리 폭스 재단 홈페이지)

다. 캐나다를 비롯한 여러 나라에서 열리는 이 행사는 모금액을 모아 그 돈을 각국 암 치료 기관에 기부한다. 암 연구에 쓰도록 하기 위해서다.

테리 폭스 재단에 따르면 2018년 1월 현재까지 각종 모금과 기부를 통해 총 7억 5,000만 캐나다 달러가 모였다. 한화로 치면 6,000억 원에 달하는 액수다. 폭스가 꿈꿨던 금액 2,400만 달러를 생각하면 그 30배가 넘는 금액이다. 테리 폭스 재단은 우리나라에도 암 연구 기금을 전달했다. 일산에 있는 국립암센터에 게시된 기부자 명패를 보면 테리 폭스 재단이 이곳에 1억 원을 기부했음을 알 수 있다.

테리 폭스의 희망 마라톤, 지난 50년 캐나다 10대 사건으로 선정

캐나다에 유럽인들이 탐험을 시작한 것은 1500년대라고 한다. 그런데 캐나다가 영국에서 정식으로 독립한 것은 1867년이다. 독립국가로서 캐나다의 역사는 상당히 짧다고 할 수 있다. 그런데 캐나다는 비록 짧은 역사이지만 사람들의 마음을 한데 모았던 사건들을 계속

1967~2017년 캐나다 10대 사건을 기념하는 단풍잎 모양 기념우표와 관련 이미지들. 좌측 상단부터 엑스포(1967), 로봇 팔 '캐나담Canadarm'의 최초 우주 실험(1981), 캐나다 횡단 고속도로 개통(1971), 헌법 개정(1982), 세 번의 올림픽(1976, 1988, 2010), 아이스하키팀의 소련 제패(1972), 원주민 거주지에 대한 준주準州 지위 부여(1999), 패럴림픽(1976, 2010), 테리 폭스의 희망 마라톤(1980), 동성연애자 결혼 합법화(2005).(출처: 캐나다 우체국 홈페이지)

상기시키고 있다. 캐나다 정부가 발행한 기념우표도 그런 경우다.

이 기념우표는 캐나다가 독립 100주년을 맞은 1967년부터 독립 150주년인 2017년까지 50년 동안에 있었던 일들을 다루고 있다. 그 기간 중 캐나다가 가장 기념하고 싶은 사건을 10개의 우표에 실은 것이다. 그 10개의 사건에는 테리 폭스의 희망 마라톤도 포함되어 있다.

캐나다의 여권과 국가 문장

캐나다 여권은 파란색 표지를 쓰고 있다. 그 표지에는 캐나다 국호와 국가 문장, 그리고 여권이라는 단어가 표시되어 있는데, 여러모로 캐나다가 영국과 프랑스 양국의 전통 위에 서 있음을 보여준다. 여권을 뜻하는 단어가 'Passport'와 'Passeport'로 표기된 것이 단적인 예다. 그럼 국가 문장도 천천히 살펴보자.

먼저 국가 문장의 맨 윗부분에는 영국 국왕을 상징하는 사자와 왕관이 보인다. 캐나다가 비록 독립국가이지만 영연방의 일원으로서 영국 여왕이 국가원수이기 때문에 있는 상징이다. 사자의 양옆으로는 두 개의 깃발이 보인다. 왼쪽은 영국의 유니언잭 깃발이고, 오른쪽은 프랑스의 백합 깃발이다. 백합은 오래전부터 프랑스를 상징해 온 꽃이다.

역사상 프랑스는 1763년에 일어난 7년 전쟁에서 영국에 패배함으로써 캐나다에 대한 지배력을 잃었다. 그렇지만 지금도 캐나다에서

캐나다 여권의 표지.(출처: passportindex.org)

프랑스계의 비중은 만만치 않다. 전체 국민 중 영어 사용 인구가 58 퍼센트에 이르고 프랑스 사용 인구는 22퍼센트이며, 그 외에 영어와 프랑스어를 둘 다 사용하는 인구는 11퍼센트다. 퀘벡주의 경우 85.5 퍼센트의 주민이 프랑스어를 사용한다. 캐나다는 이러한 국민들의 인적 구성을 감안해 백합을 국가 문장에 포함하고 있다.

국장 문장의 아래 부분에는 'A Mari Usque Ad Mare'라는 캐나다 의 표어가 보인다. '바다에서 바다로'를 뜻하는 이 라틴어 문구는 대 서양에서 태평양까지 걸쳐 있는 캐나다의 국토를 표현하는 말이다. 이렇게 두 대양에 걸쳐 있는 캐나다의 국토는 러시아에 이어 세계에 서 두 번째로 넓다. 러시아를 제외한 유럽 전체 면적보다도 더 넓다. 그런데 캐나다의 인구는 3,500만 명에 불과해 남한 인구보다도 더 적다. 1980년에 테리 폭스가 마라톤을 달릴 때 인구가 약 2,500만 명이었으니 그때에 비하면 상당히 늘었지만, 여전히 인구밀도는 매우 낮다. 한편 캐나다인들에게 '바다에서 바다로'라는 문구는 공식 표어에만 그치는 것은 아닌 것 같다. 그들의 마음속 어딘가에도 늘 그 문장이 있는 것처럼 보이기 때문이다.

'바다에서 바다까지' 가는 길

캐나다인들이 바다에서 바다까지, 즉 대서양에서 태평양까지 가는 길은 항공기를 제외하면 도로와 철도가 대표적이다.

특히 캐나다의 가장 대표적인 자동차 도로인 '캐나다 횡단 고속도로Trans-Canada Highway'는 동쪽 뉴펀들랜드주 세인트존스를 출발해 서쪽 브리티시컬럼비아주 빅토리아까지 연결된다. 총 길이 7,821킬로미터로 세계에서 가장 긴 국도인 이 도로는 캐나다 10개 주 전체를 경유한다는 특징도 가지고 있다. 원래 이 도로는 캐나다 독립 100주년에 맞춰 1967년에 완공하는 것을 목표로 했었는데, 실제 완공은 좀 더 늦어져 1971년에 이뤄졌다. 이 도로는 테리 폭스가 달렸던 도로이기도 하다. 특히 그가 마지막으로 달렸던 온타리오주 니피곤과 선더베이 구간은 그의 사후 '테리 폭스 용기 고속도로Terry Fox Courage Highway'라고 명명되었다.

캐나다 국토의 동과 서를 연결하는 또 하나의 길은 철도길이다. 캐나다의 대륙횡단철도는 고속도로보다 훨씬 앞선 1885년에 건설되

캐나다 여권은 대륙횡단철도의 완공 기념 장면을 싣고 있다. 1885년 철도 책임자 도널드 스미스가 캐나다 태평양 철도의 완공을 기념하기 위해 마지막 쇠못을 박고 있는 장면.

었다. 당시 캐나다에서는 '캐나다 태평양 철도Canadian Pacific Railroad'
가 태평양 쪽 구간을 건설하여 기존의 동부 쪽 철도와 연결함으로써
횡단철도를 완성할 수 있었다. 브리티시컬럼비아주에서 열렸던 당시
의 철도 준공 기념식에서는 캐나다 기업가 도널드 스미스Donald Smith,
1820-1914가 철도 연결 부위에 마지막 쇠못Last spike을 박는 기념 장면
을 선보였다. 그 장면은 캐나다 여권 10, 11쪽의 배경 그림으로 쓰이
고 있다.

그런데 대륙횡단철도와 관련해 흥미로운 점이 하나 있다. 미국도
미국 대륙횡단철도 완공에 대해 여권의 한 장을 할애하고 있다는 점
이다. 미국은 캐나다보다 조금 이른 1869년에 대륙횡단철도를 완성

캐나다의 10달러권 지폐. 열차 '캐나디안'이 로키산맥을 달리고 있다.

했다. 당시 준공기념식에서 마지막 못을 박은 사람은 나중에 스탠퍼드대학의 창립자가 되는 릴런드 스탠퍼드Leland Stanford, 1824~1893였다. 20년도 채 안 되는 사이에 두 나라에서 모두 대륙횡단철도가 완성되었다는 점도 인상적이지만, 두 나라 모두 여권에서 이 사실을 기념하고 있다는 것도 흥미롭다.

한편 오늘날 캐나다의 화폐에서도 대륙횡단철도의 모습을 볼 수 있다. 캐나다의 10달러권 지폐에는 열차 캐나디안The Canadian이 대륙횡단철도의 로키산맥 구간을 달리는 모습이 담겨 있다. 캐나다의 국영철도인 비아레일Via Rail이 운영하는 이 여객열차는 캐나다 동부 토론토에서 출발해 서부 밴쿠버까지 운행된다. 총 4박의 긴 일정이다. 지폐의 가운데에 있는 인물은 캐나다의 초대 수상 존 맥도널드John Macdonald, 1815~1891이다. 철도의 중요성을 강조했던 인물답게 철도와 함께 실려 있다.

테리 폭스의 희망 마라톤을 담은 여권

캐나다 여권의 31페이지는 테리 폭스의 이미지를 담고 있다. 여기에는 동상이 보이는데, 그가 안간힘을 쓰며 달리는 모습을 포착하고 있다. 이 동상은 수도 오타와의 연방 국회의사당 근처에 세워져 있으며, 여권은 그 동상의 모습을 그대로 가져왔다. 그리고 그의 뒤로는 자동차가 보인다. 그 차량은 경찰차이거나 모금 차량으로 보인다. 왜냐면 폭스가 온타리오주 구간을 뛸 때는 경찰이 차량으로 에스코트했고, 그러지 않을 때에도 폭스의 뒤에는 늘 모금 차량이 뒤따랐기 때문이다.

여권 30페이지에 실린 넬리 매클렁 동상과 여권 31페이지에 실린 오타와의 테리 폭스 동상.

왼쪽 30쪽의 그림은 여성 운동가들을 다루고 있다. 이들 5명의 여성은 남녀 평등을 실현하기 위해 캐나다에서 역사적 소송을 벌였던 사람들이다. 당시 캐나다에서는 상원의원이 되는 조건으로 '자격이 있는 사람(qualified person)'일 것을 규정하고 있었는데 여성은 자격을 따질 필요도 없이 '사람(person)'으로 보지 않았다. 그러나 이들은 이 관행에 저항해 끝까지 소송을 벌였다. 마침내 1929년 최종심은 남녀 평등권을 인정함으로써 여성도 사람에 포함된다며 그녀들의 손을 들어주었다. '우리는 사람이다(We are persons)'라는 문구가 뒤의 신문에 보인다. 동상은 그 여성 운동가 중 한 명인 넬리 매클렁Nellie McClung, 1873~1951을 표현한 것이다.

그 외 캐나다 여권이 다루고 있는 것들

캐나다 여권은 모든 사증 면(비자 페이지)의 가장자리에 단풍잎 무늬가 새겨져 있다. 단풍잎은 캐나다의 고유성을 상징하는 오래된 소재다. 1964년 범국민적으로 공모한 새로운 국기 디자인에도 정식으로 포함되었다. 이듬해 영국 엘리자베스 2세는 캐나다의 새 국기를 공식 승인했는데 오늘날 우리에게 익숙한 바로 그 빨간 단풍잎기The Maple Leaf이다.

그밖에도 캐나다 여권은 옛날부터 현대에 이르는 여러 소재를 사증 면에 담고 있다. 가장 먼저는 이눅슉Inuksuk이 눈에 띈다. 이눅슉은 표지판 역할을 했던 돌인데, 여러 개의 돌을 층으로 포개 사람의 형상으로 만든 것이다. 흔히 에스키모로 더 잘 알려진 이누이트 원주민들이 이러한 돌을 세워 이정표로 삼았다.

그 외에 캐나다에 진출해 세인트로렌스강 주변에 퀘벡 식민지를 건설했던 프랑스 탐험가 사뮈엘 드 샹플랭Samuel de Champlain, 1567~1635과 퀘벡의 모습도 보인다. '뉴프랑스의 아버지'라 불리는 그는 1608년 퀘벡에 프랑스 군사기지 겸 모피 무역 거점을 건설했다. 그리고 2008년 퀘벡시는 퀘벡 400주년을 기념했다.

또한 아이스하키를 하는 학생들의 모습, 그리고 수도 오타와에 있는 국회 건물, 온타리오주에 있는 나이아가라폭포, 제1·2차 세계대전과 한국전쟁에 참전하는 군인들의 모습 등도 여권에 담고 있다.

계속되는 희망의 달리기
- - - - - - - - - - - - - - - -

테리 폭스는 희망의 마라톤을 달렸다. 그가 '희망'이라는 단어에 담았던 목표는 세 가지였다. 첫째는 모금액이었다. 이 목표는 그가 세상을 떠나기 전에 이미 달성되었다. 그리고 지금도 그 모금액은 계속 불어나고 있다. 두 번째 목표는 태평양까지 달리는 것이었다. 불행히도 이 목표는 좌절되었다. 그가 쓰러져 병석에 있을 때 다른 사람들이 나서서 폭스에게 제안했다고 한다. 남은 구간을 대신 완주하겠다고 말이다. 그러나 폭스는 거절했다. 그만큼 그는 스스로 완주하고 싶었던 것이다. 폭스가 내걸었던 세 번째 목표는 암 정복이었다.

그의 세 번째 목표는 아직 그 결과를 모른다. 인간이 암을 정복하는 날이 올지, 아니면 영원히 오지 않을지 아직 모르기 때문이다. 그렇지만 인류가 품었던 많은 희망들이 그랬듯이 실현될 가능성은 있다. 어쩌면 인류 전체가 그날을 위해 지금도 마라톤을 벌이고 있는 것일 수도 있다. 테리 폭스가 남기고 간 희망에 대해 다시 한번 생각하면서 캐나다 여권을 덮는다.

여권은 우리를 설레게 한다

해외여행의 시대다. 오늘날처럼 해외여행이 자유로웠던 때가 있었을까? 우리는 과거 어느 세대보다 멀리, 많은 곳에 간다. 세계를 정복했다는 알렉산더 대왕도 인도까지 갔을 뿐이었다. 마르코 폴로가 만약 오늘날 지구촌 배낭여행자들 앞에 선다면 명함도 못 내밀 것이다. 적어도 여행면에서만큼은 현 세대가 과거 어느 세대보다 더 넓은 세상을 산다.

물론 현대를 사는 모두가 그런 자유를 누리는 것은 아니다. 국민의 절대다수가 해외에 나가본 적이 없는 나라도 많다. 우리도 불과 30년 전에 그랬다. 서울올림픽 이후인 1989년 해외여행 자유화가 되고서야 우리도 여행의 자유를 누리게 되었다.

그래서 지금 우리에게 여권이 있다는 건 특별한 의미를 갖는다. 우리는 국경으로 구획된 세계에서 살지만, 언제든 국경 너머로 날아갈 수 있다. 마법의 양탄자처럼 여권이 우리를 데려다줄 수 있다. 굳이 램프를 문질러 지니를 부를 필요도 없다. 여권이 있다는 것은 마법의 양탄자가 항상 대기하고 있는 셈이다.

인천공항의 국제선 비행기 출발 안내판.

여권은 우리나라를 벗어나면 자신을 증명하는 거의 유일한 신분증이다. 국내에서야 주민등록증이나 기타 신분증으로도 신분을 증명하는 데 아무 문제가 없지만, 우리나라를 벗어나는 순간 사정은 달라진다. 그래서 여권에 무슨 문제가 생기는 것은 생각하기 싫은 시나리오다. 여행은 사실상 멈추게 되고 귀국 비행기에 탈 수 있는지도 장담할 수 없어진다. 그만큼 여권은 중요한 물건이다.

여권은 발급되는 양도 굉장한 신분증이다. 우리나라 최근 통계를 보면 2008년에 전자여권이 도입된 이래 2016년

말까지 총 2,400만 건의 여권이 발급되었다. 매년 300만 건 내지 400만 건이 새로 발급되는 것이다. 여권은 이만큼 중요하고 보편적이다.

02

미국

USA

무한한 공간, 저 너머로

1월의 발사대

1986년 1월 28일, 플로리다주 케이프커내버럴에 있는 우주선 발사대. 미국에서 따뜻한 곳으로 꼽히는 지역이지만 겨울 날씨는 쌀쌀했다. 그날 아침 기온이 영하 1~2도에 이를 정도로 추운 날씨였다. 엔지니어 중에는 이렇게 낮은 기온에 발사를 강행하는 것은 위험하다고 주장하는 사람도 있었다. 그러나 발사 일정은 예정대로 진행되었다. 몇 차례 날짜가 미뤄진 데다 이 정도 날씨는 감수할 수 있다는 것이 항공우주국 나사NASA의 입장이었다. 정오를 약 30분 앞둔 시간, 우주왕복선 챌린저호의 엔진이 점화되었다. 우렁찬 소리를 내며 챌린저호는 공중으로 솟아올랐다. 발사를 축하하는 환호성이 곳곳에서 터져 나왔다.

챌린저호에는 총 7명의 우주 비행사가 타고 있었다. 그중에는 일본계 우주 비행사 엘리슨 오니즈카Ellison Onizuka, 1946~1986가 있었고, 나사 소속은 아니지만 전국적인 선발 절차를 통해 뽑힌 여교사 크리스타 매콜리프Christa McAuliffe, 1948~1986도 있었다. 특히 우주로 떠나는 최초의 민간인인 그녀에 대한 국민들의 관심은 지대했다. 아직 열 살이 안 된 두 아이들의 엄마이자, 고교 교사인 그녀는 특별한 임무도 맡고 있었다. 우주에 진입하면 지상의 학생들을 대상으로 수업을 하는 것이었다. 이른바 사상 최초의 '우주 강의'였다.

이렇게 챌린저호는 열렬한 응원을 뒤로하고 상공으로 고도를 높이고 있었다. 그러기를 1분여, 발사대를 떠난 지 73초가 지나고 있었다. 갑자기 폭죽이 터지듯 챌린저호에서 하얀 연기가 분출되었다. 사고였다. 챌린저호 전체가 폭발하고 있었다. 미국 우주왕복선 30년 역사 중 가장 큰 비극으로 기록될 참사가 일어나는 순간이었다. 폭발에 이어 챌린저호 승무원 7명은 흔적도 없이 사라졌다. 눈앞에서 사랑하는 사람을 잃은 가족들의 비통함은 이루 말할 수 없었다. 미국인의 17퍼센트가 발사 장면을 생중계로 지켜보던 참이었기 때문에 그 충격은 전국적이었다. 미국은 침묵에 빠졌다. 상실과 눈물의 시간이 계속되었다.

대통령의 저녁 담화

그날 저녁 미국인들의 눈은 다시 TV에 쏠렸다. 대통령의 담화를 보기 위해서였다. 그날 레이건 대통령은 사람들의 기억 속에 오래 남을 담화를 남긴다. 그는 챌린저호 희생자들을 인류의 지평을 넓힌 영웅

들로 묘사했다. 그는 "그들은 오늘 아침 발사를 준비했고, 우리에게 손을 흔들어 인사했으며, 지구의 중력을 떨쳐내고 일어났고, 마침내 신의 얼굴을 만지는 삶을 살다 갔다"라고 추모했다. 그런데 그의 담화에서 더 인상적인 것은 따로 있었다. 미국 정부가 앞으로도 우주왕복선 프로그램을 계속 추진해나갈 것이라는 다짐이었다. 다음과 같은 대목이었다.

"챌린저호 발사를 생방송으로 지켜본 미국의 학생들에게도 한 가지 말하고 싶습니다. 여러분이 받아들이기 어려우리라는 것을 나도 잘 압니다. 그러나 세상엔 종종 이처럼 고통스러운 일들이 벌어집니다. 이런 일들은 모두 개척과 탐험의 과정에 수반되는 한 부분입니다. 또한 우리가 무엇인가를 감행하고 인류의 지평선을 넓힐 때면 따르는 과정입니다. 미래는 겁 많은 사람들의 것이 아닙니다. 용감한 사람들의 것입니다. 챌린저호 우주비행사들은 우리를 미래로 끌어올렸습니다. 이제 우리가 그들을 따를 차례입니다."

― 1986년 1월 28일 로널드 레이건 대통령 담화문 중에서

이러한 태도는 쉽게 수긍하기 힘들다. 실패했고 대규모의 희생이 발생한 것이 분명한데도 '더 나아가겠다'는 태도를 견지하는 것. 그건 분명 흔한 대처 방식은 아니기 때문이다.

사고 원인과 우주왕복선의 고난

그 후 시간이 흘러 조사 위원회의 조사 결과가 나왔다. 사고는 부품 하나에서 비롯된 것이었다. 오링O-ring이라는 명칭의 고무 패킹이었다. 이 고무 패킹은 접합부를 막아주는 역할을 하는 부품이었다. 그런데 발사 당일 예상치 못한 추위에 고무가 탄성을 잃다 보니 접합부를 제대로 막지 못했던 것이다. 이 때문에 챌린저호는 고도를 높일 때에도 고체 연료 추진체로부터 계속 누출이 생겼다. 그리고 그렇게 새어 나온 고온, 고압의 연소 가스는 대형 외부 연료탱크에까지 영향을 미쳤고, 그것이 결국 전체 폭발로 연결되었다.

미국에서는 1981년에 최초의 우주 왕복선 컬럼비아호가 발사된

챌린저호의 발사 장면.(출처: NASA)

이래 2011년 아틀란티스호의 퇴역 비행에 이르기까지 총 5개의 우주왕복선이 여러 차례 발사되었다. 편의상 알파벳순으로 나열해보면 애틀란티스호Atlantis, 챌린저호Challenger, 컬럼비아호Columbia, 디스커버리호Discovery, 엔데버호Endeavor다. 그중 챌린저호는 이렇게 참사를 당했고, 컬럼비아호도 2003년 지구 귀환 중 폭발하면서 우주 비행사 7명이 전원 사망하였다. 이는 우주왕복선 5대 중 2대가 임무 중 참사를 당했다는 말이 된다. 대단한 희생이 아닐 수 없다.

우주 비행사 오니즈카

이러한 아픈 역사가 미국 여권의 말미에 표현되어 있다. 하와이의 다이아몬드헤드산을 배경으로 한 이 페이지의 윗부분에는 문구가 새겨져 있다. 바로 챌린저호에 탔던 엘리슨 오니즈카의 말이다.

"모든 세대에게는 저마다의 의무가 있다. 그것은 그전 세대보다 더욱 높은 곳에 올라 인간의 마음을 자유롭게 하고 새로운 세계를 볼 수 있게 하는 것이다."

하와이의 일본인 이민자 집안에서 태어난 오니즈카는 아시아계로는 최초로 나사의 우주 비행사가 된 사람이다. 그의 할아버지는 사탕수수 농장 노동자로 하와이에 이주한 사람이었다. 오니즈카의 어머니에 따르면 오니즈카는 어려서부터 우주 비행사를 꿈꿨다. 그러나 당시에 우주 비행사는 전형적인 백인들이었기 때문에 어머니의 눈에 이는 허망한 꿈이었다. 넘을 수 없는 벽을 넘보는 아들에 가슴 아팠던 어머니. 그러나 그 소년은 어머니의 예상을 깨고 훗날 나사의 일원이 되었다. 그리고 그의 나이 39세 때 그는 다시 돌아오지 않는 우주왕복선 챌린저호와 함께 하늘로 떠났다.

항해하는 인공위성 보이저와 우주에 띄운 골든 레코드

미국 여권은 우주를 마지막 배경 그림으로 쓰고 있다. 그림을 보면 세 개의 원형 물체가 보인다. 가장 가까운 것은 달이고 그 너머는 지구, 그다음은 인공위성이다.

이 페이지가 특별히 인상적인 것은 이 그림이 주목하는 '시점' 때문이다. 대부분 나라의 여권은 그 나라의 '과거'나 '현재'를 담는다. 전통 유산이나 현 세대들의 생활 모습이 그 예다. 미국 여권도 예외는 아니다. 그렇지만 그들의 마지막 페이지는 좀 다르다. 우주라는 미지의 영역으로 나가는 '미래'를 담고 있기 때문이다.

그림에 나타난 인공위성은 보이저 1호다. 항해자 또는 여행자라는 뜻을 지닌 이 인공위성은 1977년 발사되었다. 앞서 살펴본 챌린저호보다 거의 10년 전에 발사된 물체다. 그런데 이 인공위성은 지금까지도 우주를 비행하고 있으며 인류가 만든 물체 중 가장 먼 우주까지 나아갔다.

보이저 1호가 특별한 것은 멀리 도달했기 때문만은 아니다. 이 인공위성은 특별한 물건을 싣고 있다. 다름 아닌 '골든 레코드'다. 표면이 금빛 알루미늄으로 덮여 있어 골든 레코드라고 불리는 이 디스크는 보이저호가 우주에서 외계인들과 마주칠 경우를 대비해 탑재되었다. 지구인들의 타임캡슐이라고도 볼 수 있는 이 디스크 안에는 여러가지 지구의 정보가 실려 있다. 외계의 생명체를 염두에 두고 준비된 것이기 때문에 정보를 사진, 음성, 기호로 각각 실었다.

골든 레코드 안에는 태양계와 태양계에서 지구의 위치, 지구인들의 생활 모습, 바람소리, 새소리, 고래의 울음소리 등이 실려 있다. 그리고 지구인들이 사랑하는 음악도 총 90분 분량이 수록되어 있다. 베토벤의 〈운명교향곡〉, 모차르트의 〈밤의 여왕 아리아〉 등이 발췌되어 그 안에 들어갔다. 원래는 포함될 뻔하다가 제외된 음악도 있다. 비틀스의 노래 〈Here comes the sun〉이 그것이다. 음반사가 저작권을 이유로 거절하는 바람에 빠졌다고 한다. 이러한 흥미로운 작업을 총괄

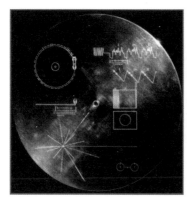

보이저 골든 레코드.(출처: NASA)

했던 칼 세이건Carl Sagan, 1934~1996 교수는 보이저호에 탑재한 골드 레코드를 '우주라는 바다에 희망의 메시지를 담아 띄우는 인류의 유리병'이라고 표현했다.

이처럼 특별한 메시지를 품은 특별한 여행자 보이저 1호. 이 무인 우주선은 2004년 11월 이미 태양계를 벗어났다. 그리고 2013년 9월 12일에는 인터스텔라에 진입했다고 나사가 발표했다. 배터리를 감안할 때 2025년까지는 보이저에서 지구로 자료가 계속 전송될 것이라고 한다.

무한한 공간, 저 너머로

한편 우리가 보고 있는 미국 여권의 마지막 장면은 정말 단순하다. 캄캄한 배경의 우주, 그 너머에는 넓고 거친 암흑만 있을 뿐이다. 그 암흑 속에 지구와 달, 그리고 보이저호가 떠 있다.

앞서 말한 칼 세이건 교수는 우주와 지구에 대해 이렇게 말했다.

"지구는 우주라는 큰 바다 앞에 놓인 해변이다. 우리가 우주에 대해 아는 대부분의 지식은 이곳에서 아는 것이다. 현대에 들어 우리는 바닷가를 조금씩 걷기 시작했다. 우리는 이제 발가락 정도를 바닷물에 적셨다. 많이 쳐도 발목 정도 바닷물에 적셨을 뿐이다."

– 칼 세이건,《코스모스》중에서

우주가 얼마나 거대하고, 우리의 과학 문명이 얼마나 갈 길이 먼지 알려주는 표현이다. 그러면 이렇게 거대한 대상 앞에서 인간이 느끼는 감정은 무엇일까? 아마 두려움이 가장 앞설 것이다. 그런데 신기하게도 인간이라는 존재는 그 거대한 두려움 앞에서도 한 발짝 씩 앞으로 나간다.

미국 여권의 마지막 장은 이렇게 가슴 먹먹한 우주를 담고 있다. 한쪽에서는 우주 개발 역사상 최악의 참사였던 챌린저호를 상기하고 다른 한쪽에서는 미지의 암흑을 뚫고 들어가는 보이저호의 모습을 담고 있다.

여권 뒤표지의 안쪽 면에 그려진 지구와 달, 보이저호의 모습.

미국은 운이 좋다?

독일 재상 오토 폰 비스마르크Otto von Bismarck, 1815~1898는 "미국인들은 참 운이 좋다. 남북으로는 약한 이웃 국가들로 둘러싸여 있고 동서로는 물고기들로 둘러싸여 있다"라고 말한 적이 있다. 강대국들끼리 늘 긴장하며 살아야 하는 유럽 국가의 입장에서는 충분히 나옴 직한 말이다.

그런데 우리는 미국의 국경이 처음부터 선물처럼 주어지지 않았다는 것을 잘 알고 있다. 처음 그들의 국토는 애팔래치아산맥이 경계인가 싶었지만, 미시시피강을 넘고, 대평원과 로키산맥을 넘었다. 그리고 태평양에 이르더니 다시 알래스카와 하와이, 괌까지 전진했다. 그 후에도 그들은 우주로 시선을 돌려 달 착륙에 성공했다. 물론 그러한 확장의 역사가 늘 영광스럽지만은 않았고 비극적인 일도 많았다. 많은 것이 그 과정에 버무려져 있다. 챌린저호 사고 같은 불운도 그중 한 부분일 것이다. 그렇게 볼 때 미국 여권은 미국이 운이 좋다는 말에 대해 답을 하고 있는 것 같다. 미국은 운도 좋았지만 그 외에도 뭔가가 있었다고….

미국 여권의 다양한 이미지와 문구들

현재의 미국 여권은 2006년부터 발행되고 있는 전자여권이다. 이 여권에는 미국을 상징하는 삽화들이 여럿 담겨 있다. 어차피 여권의 페이지 수는 한정되어 있기 때문에 어떤 이미지를 넣을지는 많은 국가의 공통적인 고민이다. 그런데 미국은 그 고민이 유난히 깊었던 것 같다. 국무부와 인쇄청Government Printing Office이 6명의 위원회를 꾸려 6년간 그 소재를 골랐고, 그에 대한 최종 승인은 국무장관 콜린 파월이 담당했다고 한다.

미국 여권은 인적 사항 면의 모든 항목을 영어, 프랑스어, 스페인어로 표기하고 있다. 1996년에 디자인된 예전 여권은 영어와 프랑스어로만 표기했었지만, 현재의 여권에는 스페인어가 추가되었다. 이는 미국 내에서 히스패닉 인구가 두 번째로 많은 인종이 된 변화를 반영한 것이다.

미국 여권 표지와 견본 여권의 인적 사항 면.(출처: 미국 이민청 홈페이지)

The cause of freedom is not the cause
it is the cause of humankind.

of a race or a sect, a party or a class —
the very birthright of humanity.
Anna Julia Cooper

자유의 여신상이 있는 페이지다. 오른쪽의 독립선언서는 키스톤Keystone 석판 형태로 조각되어 있다. 키스톤은 아치에서 주변 돌들이 무너지지 않게 중심을 잡는다. 미국에서 독립선언서는 키스톤 같은 존재다.(출처: 박미선)

　미국 여권의 또 다른 특징은 여권 전체에 다양한 문구가 인쇄되어 있다는 점이다. 그 문구는 국가國歌의 한 소절인 경우도 있고 헌법이나 연설문에서 따온 구절도 있다. 52쪽짜리 여권을 기준으로 할 때는 26개의 문구이고, 페이지 수가 더 적은 여권은 문구도 더 적다.

　26개 문구 중 몇 개를 간단히 살펴보자. 먼저 미국 여권의 앞표지 안쪽 면에는 미국 국가인 〈별이 빛나는 깃발〉의 가사가 실려 있다. 다음의 구절이다. "오 별이 빛나는 깃발은 여전히 휘날리고 있구나. 자유로운 사람들의 땅, 용감한 사람들의 나라 위에서."

　이어지는 여권의 페이지에서도 애국주의적인 문구들은 계속된다.

미국 영주권자들에게 발급되는 영주권 카드 견본. 일명 그린카드다. 자유의 여신상이 배경이 되고 있다. (출처: 미국 이민청 홈페이지)

우선 여권 1페이지 위쪽에는 링컨 대통령의 게티즈버그 연설문 중 "국민의, 국민에 의한, 국민을 위한 정부가 지상에서 사라지지 않도록 하는 것이 살아남은 자들의 의무다"라는 부분이 실려 있다.

8페이지에는 1787년 헌법제정회의에서 조지 워싱턴이 한 말이 나와 있다. 당시 워싱턴은 최초로 탄생할 연방헌법이 각 개별 주의 요구를 짜 맞춘 누더기가 되어서는 안 된다고 강조했다. 다음과 같은 간단한 문장이다. "현명하고 정직한 사람들이 기댈 수 있도록 좀 더 높은 수준의 기준을 세우자."

마틴 루터 킹 목사의 연설에서 따온 문장도 있다. 12페이지의 "우리에겐 위대한 꿈이 있습니다. 그 꿈은 1776년으로 거슬러 올라가며 미국이 그 꿈에 충실하도록 신이 허락한 꿈입니다"라는 문장이다. 20

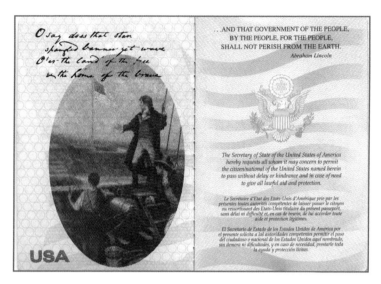

왼쪽 페이지 위쪽에 미국 국가 가사가 적혀 있다. 이 노래의 배경은 1812년의 미영 전쟁으로, 당시 작사가가 썼던 글씨체 그대로 여권에 나와 있다. 배의 난간 위에 서 있는 사람이 작사가다.(출처: 박미선)

페이지에는 린든 존슨 대통령의 다음과 같은 연설이 실려 있다. "미국은 아직 건너지 않은 사막, 아직 넘지 않은 산맥, 아직 도달하지 못한 별, 아직 일구지 못한 작물입니다. 지나간 세계에게는 잘 가라고 말하고 다가오는 세계는 환영합시다. 그리고 그 세상이 인간의 희망 쪽으로 향하도록 만듭시다."

22페이지에 실린 문구는 철도와 관련된 것이다. 1869년 미국에서는 대륙횡단철도 완공을 기념하는 행사가 열렸다. 그리고 그날 행사에서는 철로의 연결 지점에 마지막 못을 박는 의식도 이루어졌다. 여권에는 그 못에 새겨진 다음과 같은 문구가 실려 있다. "신이여, 철길이 두 대양을 연결하듯이 우리나라의 결속이 영원하게 하소서."

39페이지에는 성직자 해리 에머슨 포스딕Harry Emerson Fosdick, 1878~1969의 말이 이렇게 새겨져 있다. "민주주의는 평범한(ordinary) 사람들에게 비범한(extraordinary) 가능성이 있다는 신념에서 비롯된다."

애국주의가 두드러지는 미국 여권, 앞으로는?

이처럼 미국 여권은 미국적인 이미지와 각종 문구들이 페이지를 채우고 있다. 그러나 보니 일부에서는 애국주의적 표현들이 부담스럽다는 평도 있다. 보다 수수한 여권을 선호하는 사람들에게는 그럴 법도 하다. 반면 사람에 따라서는 자유, 도전, 민주주의라는 가치가 표현된 미국 여권에 큰 자부심을 느낄 수도 있을 것이다.

한편 2016년 미국 언론은 조만간 새 디자인의 여권이 나온다고 보도했다. 그리고 2018년의 한 발표에 따르면 미국 인쇄청과 국무부가 2019년 초에 관용여권과 외교여권을 먼저 선보일 예정이다. 이 여권들은 인적 사항 면을 폴리카보네이트 재질로 만들고, 여권 책자의 번호는 보안을 강화하는 방식으로 표기한다고 한다. 그리고 정확한 일정을 못 박지는 않았지만 일반여권도 후속하여 발급한다고 한다.

새 미국 여권의 모습은 어떨까? 어떤 변화가 있을지 모르겠지만 어떤 식으로든 현 미국 여권의 특성은 이어질 것 같다. 애국주의라는 독특한 성격 말이다.

여권이란 무엇인가

여권이란 무엇일까? 브리태니커 백과사전은 다음과 같이 정의한다.

> 국가의 정부가 발행하는 공식 문서나 증명서로서, 여행자가
> 외국에서 보호받을 권리가 있고, 본국으로 귀환할 권리가 있
> 는 시민권자 또는 국민임을 증명하는 것.

이 정의에 따르면 여권은 국가라는 하나의 단체가 자신의 회원들에게만 발급해주는 일종의 회원증인데, 특히 여행과 관련된 권리를 보장하는 회원증이라는 이야기다.
한편 법은 여권의 예를 이렇게 들고 있다.

> 여권이란 대한민국 정부, 외국 정부, 또는 권한 있는 국제기구
> 에서 발급한 여권 또는 난민여행증명서나 그 밖에 여권을 갈
> 음하는 증명서로서 대한민국 정부가 유효하다고 인정하는 것
> 을 말한다.
>
> — 출입국관리법 제2조 제4호

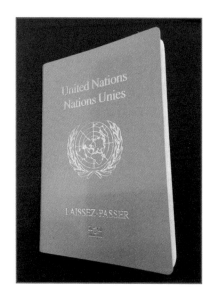

국제연합 여권의 모습. 국제연합 직원과 국제노동기구 직원들에게 발급된다.

이 규정을 보면 여권은 보통 생각하는 일반적인 여권은 물론이고, 국제기구가 발행하는 여권, 그 외의 특수한 증명서까지 포함할 수 있다. 물론 우리나라 정부가 인정하는 것을 전제로 말이다. 그렇다면 국제기구가 발행하는 여권은 어떤 모습일까?

국제기구 발행 여권은 유럽연합EU이나 인터폴 같은 국제조직이 소속 직원들에 대해 발행하는 경우도 있고, 아프리카연합AU 여권처럼 회원국 공무원 등에게 발급하는 경우도 있지만, 가장 대표적인 것은 국제연합UN 여권이다.

국제연합 여권의 표지는 국제연합 깃발과 평화유지군의 헬멧처럼 하늘색을 기본 색상으로 쓴다. 대부분 직원들은 이런 하늘색 표지의 여권을, 고위 직원들은 빨간색 표지의 여권을 발급받는다.

　　국제기구들은 자신들이 발행하는 여권을 국가들의 여권과 구별하기 위해 래세이 파서Laissez-Passer라고 표현하는 경우가 많다. 통행증이라는 뜻이다. 국제연합 여권을 흔히 '유엔 통행증UNLP'라고도 부르는 이유도 여기에 있다.

03

뉴질랜드

NZL

비바람이 치던 바다, 잔잔해져 오면

마오리족의 흔적이 우리나라에도

마오리족은 뉴질랜드의 원주민이다. 상반신을 드러낸 채 혀를 밖으로 쭉 내밀고 큰 소리를 내며 집단 춤을 추는 폴리네시아인이 마오리족이다. 그런데 이 남방 원주민들의 흔적이 우리나라에도 남아 있으니 신기한 일이다. 바로 그들이 한국에 남기고 간 아름다운 민요다. 〈연가戀歌〉라는 제목의 이 노래는 "비바람이 치던 바다 잔잔해져 오면 오늘 그대 오시려나 저 바다 건너서"라는 가사로 시작된다.

한국전쟁 기간 중 뉴질랜드가 파병한 포병 16연대 소속 군인들 중에는 마오리족 병사들도 포함되어 있었다. 〈코리아타임스〉의 보도에 따르면 그들은 참전 기간에 우리나라 아이들에게 자신들의 민요를 가르쳐주었고, 그 노래가 퍼져 나중에 〈연가〉가 되었다.

이 노래의 원곡은 〈포카레카레 아나Pokarekare Ana〉라는 마오리족 민요로, 마오리어로 '부딪쳐오는 파도'라는 뜻이다. 가사는 적대적인 두 부족의 남녀가 서로를 그리워하는 내용이다. 마치 로미오와 줄리엣이 가문 간의 반목으로 고통받듯이 마오리족의 두 남녀도 이룰 수 없는 사랑에 괴로워한다. 그 가사는 다음과 같다.

와이아푸의 거친 물결
하지만 그대가 건너오면 물결은 잔잔해지리.

소녀여, 내게 돌아와 주오
나는 당신을 향한 사랑으로 죽을지도 모릅니다.
내 아픈 마음을 당신에게 편지로 썼어요. 반지도 보냈어요.
당신 부족 사람들도 알 수 있도록.

나의 펜은 이미 부서지고 종이는 바닥이 났어요.
그러나 내 사랑은 그대로입니다.

내 눈물로 영원히 젖어 있는 내 사랑은
태양에도 마르지 않을 겁니다.

참 서정적인 가사다. 사람은 연인을 만나면 기쁨을 감추지 못하고, 연인을 떠나보내면 하염없이 눈물 짓는다. 그것은 인류 보편의 정서다. 그래서인지 낯선 지명과 지리적 거리감에도 불구하고 〈포카레카레 아나〉의 가사는 가깝게 느껴진다.

뉴질랜드 국회의사당에 울려 퍼진 〈포카레카레 아나〉

〈포카레카레 아나〉는 마오리족의 전통 민요지만, 뉴질랜드가 제1차 세계대전에 참전하면서 더 많이 불리게 되었다. 연인이나 가족을 전쟁터에 보낸 사람들이 그들의 무사 귀환을 기원하면서 이 노래를 불렀기 때문이다.

그런데 2013년 〈포카레카레 아나〉는 의외의 장소에서 불렸다. 장소는 뉴질랜드 국회. 동성 결혼을 정식 혼인으로 인정하는 법이 국회에서 통과되는 순간이었다. 유튜브에 올라와 있는 영상을 보면 누군가가 이 노래를 선창한다. 오랫동안 금기시되어온 결혼이었던지라 오래전 마오리족 연인들의 사연이 연상되었던 것일까. 노래는 여러 사람의 합창으로 번진다.

마오리족의 고사리

〈포카레카레 아나〉가 마오리족의 노래로 유명하다면, 마오리족의 상징으로 유명한 것은 고사리다. 여기서 고사리는 육개장에 들어가는 그 고사리가 맞다. 그런데 마오리족에게 고사리는 훨씬 특별하다. 그들은 사냥이나 전투를 위해 먼 길을 떠날 때 고사리를 이용했다. 숲에 있는 고사리를 자신들이 지나갔다는 표시로 활용했던 것이다. 고사리가 가진 독특한 생김새에 착안한 행동이었다.

뉴질랜드 고사리는 잎의 앞면은 여느 고사리처럼 녹색이지만 뒷면은 은색이다. 이 은색의 뒷면은 일종의 야광 물질 역할을 한다. 뉴질랜드 고사리가 '실버 펀Silver Fern'이라는 별명을 갖는 이유다.

마오리족 전사들은 자신들이 지나가는 지점마다 고사리 잎을 뒤집으며 전진했다. 그리고 달빛에 반짝이는 은색 고사리를 따라 귀환했다. 숲 속에 지천으로 널린 식물을 자신들의 용도에 맞게 활용한 마오리족의 지혜가 돋보이는 대목이다.

뉴질랜드는 이러한 마오리족의 전통을 살려 고사리를 국가적인 상징으로까지 사용하고 있다. 여권은 물론이고 화폐, 우표, 비자 등에도 이 상징을 사용하고 있다. 또 뉴질랜드 스포츠팀들도 고사리 무늬를 유니폼에 애용한다. 그중 단연 유명한 것은 뉴질랜드 럭비팀이다. 그

뉴질랜드 고사리. 잎을 뒤집으면 은색이 드러난다.

들은 경기 때 은색 고사리가 그려진 까만 유니폼을 입는데, 그 때문에 '올블랙스All Blacks'라는 별명으로 유명하다.

국기까지 바꿀 뻔한 고사리

뉴질랜드 국기는 영연방 십자가가 들어간 디자인이다. 국기의 오른쪽에는 남십자성Southern Cross이 그려져 있다. 남십자성은 북위 30도 이남 지역에서만 볼 수 있는 별이다. 지구 남반구에서 선명하게 보이기 때문에 뉴질랜드의 고유성을 상징한다. 네 개의 별이 십자 형태를 띠기 때문에 십자성이라는 이름이 붙었다.

　뉴질랜드는 국기 변경을 놓고 2016년에 국민투표를 벌인 적이 있다. 당시의 쟁점은 영연방 무늬의 국기를 버리고 고사리 무늬의 국기를 채택할 것인가였다. 같은 영연방 국가인 캐나다는 국기를 실제로

현 뉴질랜드 국기. 영국의 유니언 잭(왼쪽)과 뉴질랜드의 남십자성(오른쪽)으로 구성된 디자인이다.

2016년 3월 국민투표에서 부결된 고사리 무늬 국기.

바꿨기 때문에 이러한 논의가 전혀 허무맹랑한 것은 아니었다.

캐나다는 1965년에 기존 국기를 버리고 현재의 단풍잎 국기로 바꿨다. 원래 캐나다 국기도 뉴질랜드 국기처럼 좌측 상단을 유니언 잭(일명 유니언 플래)이 차지하고 있었다. 그런데 현대에 들어 다민족으로 구성된 캐나다의 특징이 부각되면서 국기 개정이 진지하게 논의되었고, 1964년에는 의회 투표를 거쳐 지금의 단풍잎 무늬로 국기를 변경했던 것이다.

하지만 캐나다와 달리 뉴질랜드의 국민투표 결과는 부결이었다. 56.6퍼센트가 기존 국기를 유지하기로 결정한 것이다. 그런데 흥미로운 점은 무려 43.2퍼센트가 고사리 무늬의 국기에 찬성했다는 점이다. 마오리족이 전체 인구의 15퍼센트에 불과한데도 말이다.

국기는 교체되지 않았지만, 뉴질랜드에는 고사리를 상징으로 하는 국가 기관들이 있다. 뉴질랜드 이민청이 그 예다. 고사리의 한쪽 면

뉴질랜드 이민청 로고. 이민청은 우리나라의 출입국외국인청 또는 출입국외국인사무소에 해당한다.

이 은색인 점을 살려 디자인되어 있다. 아래에 은색으로 쓰인 'Immigration'이라는 단어는 이민청Immigration office을 줄여 부르는 말이다.

마오리족 민요와 고사리가 말해주는 공존의 이야기

뉴질랜드의 이러한 독특한 정체성은 1642년으로 거슬러 올라간다. 네덜란드의 어느 항해사가 호주를 거쳐 항해를 하다가 새로운 땅을 발견했다. 그곳에는 이미 마오리족이라는 선주민들이 살고 있었다. 그들은 1350년경 폴리네시아 지역에서 카누를 타고 와 섬에 정착한 사람들이었다. 지리적으로 떨어진 곳에서 세대를 거듭하다 보니 그들은 독특한 문화를 가지고 있었다. 문신과 조각 문화, 그리고 일부 식인 문화가 그것이었다. 네덜란드 항해사는 그가 발견한 이 땅을 그의 본국 네덜란드의 한 지역 제일란트Zeeland에서 따 새로운 제일란트Nova Zeeland라고 이름을 붙였다. 그 후 영국계 이주자가 많아지면서 그 이름은 영어식으로 변해 결국 뉴질랜드New Zealand로 굳어졌다.

뉴질랜드는 이렇게 원주민의 땅에 백인들이 건너오면서 이뤄진 나라다. 역사상 이 두 집단 간에 있었던 가장 큰 사건으로는 '와이탕기 조약' 체결이 꼽힌다. 1840년 2월 6일에 마오리 원주민 부족장들과 영국 간에 체결된 이 조약은 오늘날 뉴질랜드의 출발점이 되었다. 2013년 뉴질랜드 통계청에 따르면 백인은 뉴질랜드 총인구 중 74퍼센트를, 마오리족은 15퍼센트를 차지하고 있다. 현재 마오리족은 뉴질랜드에 60만 명, 호주에 15만 명이 거주하고 있으며 영국, 미국, 캐나다에도 소수가 살고 있다.

전쟁을 앞두고 마오리족 남성들이 추었던 의식의 춤 하카. 상대에게는 부족의 힘을 과시하는 한편 스스로는 공포감을 떨쳐내는 심리적 효과가 있었다고 한다. 출전을 앞두고 마을에서 추거나 전장에서 상대 부족 앞에서 추었다. 지금은 뉴질랜드 국가대표 럭비팀 올블랙스가 경기 시작 전 하카를 춘다. 일반인들도 귀빈을 맞이할 때나 기념식 등에서 하카를 춘다.

한편 뉴질랜드는 유럽인들이 정복한 대부분의 식민지들과 비교할 때 다른 점이 눈에 띈다. 일반적으로 식민지에서 원주민들의 지위는 보잘것없었다. 동등한 지위는커녕 하위 계층으로 추락하거나 심지어 존재가 소멸되기도 했다. 아메리칸 인디언과 중남미의 인디오가 그 예다. 인근 국가 호주에서도 원주민들의 위상은 미미했다.

그러나 뉴질랜드는 다르다. 영국인들이 마오리족과 공존하는 역사를 걸어왔기 때문이다. 물론 영국인들이 순순히 공존을 선택했다고 보기는 힘든 면도 있다. 마오리족이 워낙 거칠게 저항했던 데다, 뉴질랜드가 지리적으로 영국과 너무 멀어 군대를 파견하기가 쉽지 않았을 것이라는 견해가 있다. 실제로 1800년대에 유럽에서 뉴질랜드까지는 범선으로 6개월이 걸렸고, 증기선으로는 6주가 걸렸다고 한다. 그 밖에도 뉴질랜드의 전략적 가치가 낮아 통치가 느슨했다는 견해도 있고, 영국이 프랑스의 진출을 막으려고 서둘러 원주민들과 타협했다는 이야기도 있다.

원인이야 어쨌든 뉴질랜드에서 백인들과 마오리족의 관계는 비교적 원만하게 유지되어왔다. 이러한 역사를 배경으로 뉴질랜드 정부는 토속 문화를 적극적으로 드러내고 있다. 언어도 마오리어와 영어를 공용어로 쓰고 있다.

뉴질랜드 여권의 독특한 표지

뉴질랜드 여권은 검은색 표지 위에 고사리 무늬가 은박으로 새겨져

뉴질랜드 여권의 앞표지. 오른쪽의 식물 이미지가 뉴질랜드 고사리인 실버 펀silver fern이다.(출처: passportindex.org)

있다. 멀리서 봐도 뉴질랜드 여권임을 알아볼 수 있을 만큼 눈길을 끄는 디자인이다. 이러한 은색의 고사리 무늬는 여권의 앞표지와 뒤 표지에 모두 새겨져 있다.

또한 뉴질랜드 여권의 표지는 영어와 마오리어가 모두 표기되어 있다. 'New Zealand Passport'의 아래에는 '우루베뉴아Uruwhenua', '아 오테아로아Aotearoa'라는 마오리어 단어가 보인다. 각각 '여권', '길고 흰 구름의 땅'이라는 말이다. 아오테아로아는 마오리족이 뉴질랜드 를 부르는 말이기도 하다. 그들이 뉴질랜드를 처음 발견했을 때 길게 늘어선 지형을 보고 이름을 붙인 데에서 비롯되었다.

여권 곳곳에 드러나는 마오리족의 상징들

여권 표지의 중앙에는 국가 문장이 나타나 있다. 뉴질랜드의 국가 문장을 보면 왼쪽에 영국을 상징하는 백인 여성이 국기를 들고, 오른쪽에는 마오리족을 상징하는 추장이 창을 들고 서 있다. '2민족 연합국가'라는 뉴질랜드의 특성을 상징하는 것이다. 그리고 가운데 부분의 위쪽으로는 왕관이 그려져 있는데, 이는 군주제 국가임을 뜻한다. 뉴질랜드는 영연방이므로 군주는 영국 여왕 엘리자베스 2세. 아래로 시선을 옮기면 뉴질랜드라는 국호가 보이고 그 주변에 고사리 장식

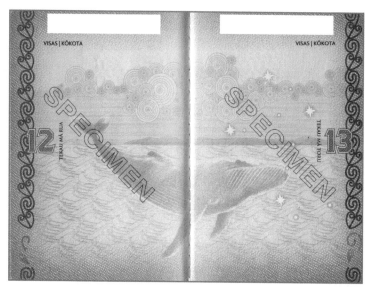

쪽 수를 표시하는 숫자, 그리고 그에 대응한 마오리어가 함께 표현된 여권의 내지. 페이지 가장자리에 보이는 연이은 무늬는 고사리의 어린 잎 코루koru다. 고사리가 펼쳐지기 전에 코루가 나선형으로 말려 있는 상태를 도안으로 표현한 것이다.

이 그려져 있다.

마오리족의 상징물은 여권 표지에만 있는 것이 아니다. 여권의 내부 페이지에서도 보인다. 즉 사증 면을 유심히 보면 각 페이지에 특이한 단어들이 연달아 표기된 것을 발견할 수 있다. 로마자 형태이지만 영어는 아닌데, 이는 숫자를 마오리어로 표현한 것이다. 우리가 숫자 1, 2, 3을 한글로 하나, 둘, 셋으로 쓰는 것과 같은 원리다. 예컨대 12는 '테카우 마 루아(tekau ma rua)', 13은 '테카우 마 토루(tekau ma toru)'라고 적고 있다.

청정 자연과 키위의 나라

뉴질랜드는 독특한 생태계로 유명하다. 뉴질랜드에는 뱀이 없다고 한다. 믿기 어려운 사실이다. 해충도 많지 않다고 한다. 이는 뉴질랜드가 놓인 위치 때문에 생기는 독특한 현상이다. 그래서 뉴질랜드 정부는 자국에서만 서식하는 생물들을 보존하고 이를 관광자원으로 적극 활용하고 있다.

뉴질랜드의 생태계에서 단연 유명한 것은 키위Kiwi 새다. 과일 키위도 이 새의 모양을 닮았다고 해서 그 이름을 얻었다. 원래 이 새는 여느 새들과 마찬가지로 날아다녔다고 한다. 그런데 뉴질랜드에서만 서식하다 보니 변해버렸고 독특한 진화 끝에 결국 날 수 없는 새가 되어버렸다. 그러나 날개가 퇴화한 대신 다리는 튼튼해졌다. 키위는 뉴질랜드의 국조國鳥이고, 더 나아가 뉴질랜드 사람들을 일컫는 별칭이다.

뉴질랜드는 독특한 생태계와 청정 자연을 살려 영화의 촬영지로 경쟁력을 높이고 있다. 항공기에 그려진 사진은 뉴질랜드에서 촬영된 영화 〈반지의 제왕〉이다. 비행기 꼬리 날개에 그려진 로고는 뉴질랜드 고사리의 어린잎 부분을 디자인한 것이다.(출처: Edwin Leong)

여러 가지로 독특함이 많은 나라 뉴질랜드, 지금까지 우리는 인구 500만 명이 안 되는 이 나라가 나름의 정체성과 역사를 만들어온 이야기를 살펴보았다. 그리고 그들의 특이한 여권도 확인할 수 있었다. 이제 앞으로 고사리 무늬 여권을 가진 사람과 마주칠 기회가 생긴다면 분명 뉴질랜드 사람일 테니 '헬로 키위'라고 인사하면 좋겠다.

여권에서 만나는 상징: 국가 문장

어느 여권이든 공통적으로 표지의 중앙에는 그림이 있다. 이는 국가의 문장紋章이다. 줄여서 국장이라고도 한다. 국기國旗처럼 국가의 상징이라고 할 수 있는데, 그 유래는 중세 서양으로 거슬러 올라간다.

중세 서양에서는 다양한 집단이 문장을 사용했다. 워낙 다양한 종족이 섞여 사는 지역인 데다가 문맹률도 높은 시대여서 서양인들은 자기 집단을 그림으로 표시할 필요가 있었다. 특히 전쟁터에서 방패나 천막, 갑옷에 자기 집단의 상징을 표시함으로써 그 무늬를 보고 아군을 식별했다. 그 과정에서 유래한 단어가 바로 '코트 오브 암즈Coat of Arms' 다. 기사들이 갑옷 등의 무장을 햇빛으로부터 보호하기 위해 그 무장 위에 덧입었던 외투를 부르던 이 단어는 점차 상징을 뜻하는 말이 되었다.

문장은 한번 정해졌다고 고정되지는 않았다. 새로운 땅을 얻거나 가문을 합병할 경우에는 문장 속 상징도 변했다. 그리고 국가만 사용하는 것이 아니라 가문이나 대학, 회사, 종교 집단, 심지어 개인까지 사용했다. 어쩌면 오늘날 회사들의 로고도 문장의 하나라고 할 수 있을 것이다.

특히 서양의 국가 문장에는 소재로 십자가가 자주 등장한다. 아랍의 경우, 별이나 초승달이 많이 사용된다. 국가에 따라서는 동물이 표시될 때도 많았다. 그중 독수리는 세계 어느 곳에서든 사랑받았다. 독일, 오스트리아, 폴란드, 러시아, 미국 등이 모두 국가 문장에서 독수리를 쓰고 있다. 로마제국이 독수리를 썼던 영향 때문이다.

이러한 독수리에 대한 선호는 그리스 신화로까지 거슬러 올라간다. 신들의 왕 제우스의 상징이 독수리였기 때문이다. 한편 이집트도 독수리를 국가 문장에 쓰고 있는데, 이는 이슬람 세계의 군주이자 명성 높은 전사인 살라딘Saladin, 1138~1193을 상징하기 위해서라고 한다.

러시아 여권(왼쪽)과 러시아 국가 문장(오른쪽).(출처: passportindex.org)

러시아 국가 문장은 '쌍두 독수리'와 '성 게오르기우스'의 두 가지 요소로 구성되어 있다. 독수리의 쌍두는 동서 로마를 아우르는 통합 제국이 비잔틴제국이었고, 러시아가 그 비잔틴 제국을 승계했다는 사고를 반영하고 있다. 유럽 국가이자 아시아국가인 러시아의 이중적 정체성도 쌍두에 반영되어 있다.

국가 문장의 중앙에 보이는 성 게오르기우스는 모스크바의 수호성인이다. 백마를 타고 용을 물리치는 모습으로 표현되어 있다. 한때 망치와 낫으로 된 공산주의 국가 문장을 쓰던 러시아는 지금 위의 전통 문장을 쓰고 있다.

이처럼 우리가 여권을 접할 때 가장 먼저 만나게 되는 이미지인 국가 문장은 국기와는 또 다르게 역사를 배경으로 하고 있다.

04

일본

JPN

유럽을 덮친 우키요에

일본 미술의 파도
- - - - - - - - - - - - - -

19세기 후반 일본은 도자기를 많이 수출하고 있었다. 한때 쇄국 정책을 폈던 그들이지만 1854년 개항 이후에는 달랐다. 세계적 교역망에 열심히 참여했다. 일본의 주요 수출품은 생사生絲, 즉 삶지 않은 명주실이었다. 생사는 유럽에 수출되어 그곳 직물 공업의 원료로 사용되었다. 생사와 함께 인기 높은 수출품은 도자기였다.

그런데 1865년 어느 날 일본에서 온 도자기를 꺼내던 한 프랑스 화가는 깜짝 놀란다. 도자기를 감싸고 있던 포장지에 눈이 갔던 것이다. 도자기가 원거리 운송에도 깨지지 않게 일종의 완충재 역할을 했던 이 포장지의 그림은 사실 판화였다. 당시 이 화가의 눈에 띄었던 작품은 우리가 나중에 보게 될 일본 판화가 가쓰시카 호쿠사이葛飾北齋, 1760~1849의 작품이었다고 한다. 이렇게 유럽 화가들의 눈에 띈 일본의 판화는 점차 애호층을 넓혀갔다. 그리고 유럽 미술계에 강렬한 영향을 주었다.

특히 1867년 파리에서 열린 만국 박람회는 중요한 계기였다. 이 박람회장에 '일본관'이 설치되고 그곳에서 판화가 전시되자 그 파급력은 굉장했다. 자포니즘Japonism이라는 말까지 생겨났다. 유럽인들의 일본 문화에 대한 열광을 표현하는 말이었다. 먼 훗날 일본이 자국 여권의 배경 그림으로 사용하게 될 판화 그림의 국제적 데뷔는 이렇게 시작되었다.

부질없는 세상의 그림, 우키요에

우키요에浮世繪는 일본 에도 시대(1615~1867)에 발달한 풍속화이자 채색 판화다. 이 채색 판화는 오늘날의 도쿄인 에도江戶를 중심으로 일본 전역에 퍼져나갔다. 우키요浮世라는 말은 불교에서 속세를 표현하는 말이다. 모든 것이 부질없다는 데서 나왔다고 하지만, 더 정확히 말하자면 당시 매춘이 허용되었던 에도의 요시와라吉原 지구가 '우키요'로 불렸던 것과 직접 관련이 있다. 에繪는 그림을 뜻한다. 우키요에는 종래의 엄숙한 종교화나 관념적 그림들과는 달리 세속적인 대상이 주된 소재였다.

어느 시대건 예술은 이를 소비해주는 수요층이 존재해야 발전한다. 우키요에도 마찬가지였다. 당시 일본은 에도 시대라는 안정기를 맞아 경제에 활력이 돌았다. 생활 수준이 상승한 에도의 일반 상인들과 수공업자들은 우키요에를 구매하는 탄탄한 소비층이 되어주었다.

한편 우키요에는 처음에 흑백으로만 표현되다가 점차 채색 목판화로 발전했다. 목판화는 한번 판을 조각하기만 하면 동일한 그림을 무수히 찍을 수 있었기 때문에 가격이 저렴했다. '밥 한 공기 값에 우키요에 한 장을 살 수 있다'는 말이 나올 정도였다. 그야말로 대중의 예술이었다.

그런데 우키요에는 일반적인 서양화와 달리 집단적인 창작물이다. 마치 컨베이어 벨트에서 생산되는 제품처럼 여러 사람의 손을 거친다. 우키요에가 탄생하는 과정을 보면 먼저 에시繪師라 부르는 화가가 그림을 그리고, 그 그림을 기준으로 호리시彫師가 목판에 조각을 한다. 조각 작업은 벚나무로 된 판자 위에 1밀리미터 두께의 선까지 정교하게 이루어졌다.

게다가 목판은 한 판만 조각하는 것이 아니라, 색채의 수만큼 여러 개로 이루어진다. 예컨대, 만약 태극기 그림을 목판화로 만든다면 검은색에 해당하는 4괘만 조각한 목판, 태극의 빨간색 부분만 조각한 목판, 태극의 파란색 부분만 조각한 목판 등 총 3개의 목판을 만든 후 삼색을 종이 한 장에 구현한다. 여기서 끝이 아니다. 그다음 공정은 인쇄업자가 목판에 물감을 입혀 종이나 책자에 찍는 것이다.

이렇게 우키요에는 최소 세 사람이 작업에 참여한다. 그 밖에도 작품의 주제를 처음 기획하는 사람이나 목판 자체를 제작하는 사람들까지 있으니, 이들을 포함하면 우키요에는 하나의 집단이 생산해내는 집단적 작품인 셈이다.

우키요에의 영향

우키요에가 유럽에 소개되었을 때, 특히 19세기 인상파 화가들은 큰 영향을 받았다. 일본 미술에 흠뻑 빠진 프랑스의 화가 클로드 모네는 파리 근교에 일본풍의 정원을 만들고 그 안에서 작품 활동을 했다. 그의 집에는 그가 수집한 우키요에 250장이 벽을 뒤덮고 있었다. 네덜란드 화가 빈센트 반고흐도 일본 판화에 매혹되었다. 그 밖에 프랑스의 폴 고갱, 에드가 드가, 툴루즈 로트레크 같은 화가도 우키요에로부터 예술적 자극을 받았다. 또한 프랑스의 작곡가 클로드 드뷔시는 교향시 〈바다〉를 작곡할 때 호쿠사이의 그림에서 영감을 얻었다고 전해진다.

그런데 지금부터 약 150년 전 유럽에서 일어났던 이러한 현상은 일본인들이 의도적으로 일으킨 건 아니었다. 그렇지만 그 영향은 그들의 예상을 뛰어넘어 전개되었다. 이러한 반응을 보면서 일본의 예술가들은 무엇을 느꼈을까? 어쩌면 그때 일본인들이 느꼈을 감정은 오늘날 우리가 느끼고 있는 감정일 수도 있다. 최근 우리 문화도 믿을 수 없을 정도로 세계적인 호응을 얻고 있으니까 말이다.

프랑스의 지식인 기 소르망Guy Sorman은 한국 영화를 비롯한 한류의 콘텐츠를 칭찬하면서 이런 말을 했다.

"(최근) 한국 문화가 서구에 소개되면서, 세계의 관객들은 독특한 문명을 접하게 되었다. 그것은 아시아 문화임에도 불구하고 분명 중국 문화가 아니고, 일본 문화도 아니었다. 한국 영화가 서양에 일으킨 문화 충격은 19세기에 유럽 사람들이 일본 판화를 발견하고 느꼈던 그것에 견줄 만하다."

-《Korea Impossible to Possible》중에서.

그가 오늘날의 한류를 이야기하면서 19세기에 있었던 서구와 일본 회화의 만남을 유사한 사례로 든 것이 인상적이다.

한편 우키요에의 영향은 일방적이지만은 않았다. 두 세계가 서로를 배웠기 때문이다. 일본 화가들은 실제로 서양의 장점을 자신들의 전통적인 표현 방식에 결합했다. 그리고 그렇게 양쪽 요소가 결합된 목판화일수록 일본 소비자의 큰 호응을 얻었다. 당연히 판매도 높았다. 둘이 만나면 한쪽만 변하지 않는다. 일본 미술과 서양 미술도 그랬다.

우키요에를 되살릴 새 여권

최근 일본은 새 여권을 발행한다는 계획을 발표했다. 발행 시기는 2020년 도쿄올림픽에 맞춰 2019년이 될 것이라고 한다. 일본 정부는 이번 변화가 제2차 세계대전 이후 가장 대대적인 디자인 변화가 될 것이라고 밝혔다.

일본은 몇 가지 내용도 함께 발표했다. 가장 두드러지는 변화는 속지에 모두 우키요에가 실린다는 것이다. 그리고 그 작품들은 모두 가쓰시카 호쿠사이의 작품이라고 한다. 일본 외무성은 호쿠사이의 작품을 선정한 이유에 대해 "기본 디자인은 일본적인 디자인을 콘셉트로 검토했는데 그중에서 〈부악 36경〉은 세계적으로 널리 알려져 있고, 후지산을 메인 모티브로 하고 있으며, 일본을 대표하는 우키요에라는 점 때문에 선정했다"라고 밝혔다.

여권의 한정된 지면에 무엇을 실을지 일본도 고민을 많이 했을 것이다. 그런데 일본은 고대와 중세, 현대의 모든 소재를 포기하고 18~19세기에 유행했던 목판화를 선택했다. 그것도 한 사람의 작품을 시리즈로 선택했으니 매우 이례적인 일이다.

우키요에의 대표 화가 호쿠사이

일본어 표현 중 '잇쇼켄메一生懸命'는 열심히 한다는 말이다. 그런데 그냥 열심히가 아니다. 그것이 자신에게 주어진 한 뼘의 땅이건, 한 칸의 국숫집이건 거기에 평생을 건다는 것이다. 호쿠사이는 딱 그런 사람이었다.

호쿠사이는 에도의 어느 화가 집안에서 태어나 89세로 세상을 떠날 때까지 평생 3만 장의 작품을 남겼다. 그는 풍경화, 인물화, 춘화 등 장르에 구애받지 않았다. 붓으로 그리기도 했고 목판 작품을 만들기도 했다.

그는 쇼맨십도 대단하여 절의 마당에 종이 100장을 깔아놓고 그 위에 빗자루 크기의 붓을 들고 달리면서 달마 도사를 그리기도 했다. 그가 그린 소재는 가부키 배우의 얼굴, 동물, 백성들의 일상생활, 자연의 풍경 등 다양했다.

호쿠사이의 작품 중 가장 유명한 것은 그가 70대에 그린 후지산 연작이다. 새 여권에 들어갈 그림이 바로 이 작품이다. 이 그림들의 정식 명칭은 〈부악36경富嶽三十六景〉이다. 영어로는 〈36 views of Mount Fuji〉로 알려져 있다. 여기서 부악富嶽은 후지산富士山을 뜻한다. 후지산이 계절이나 날씨별로 또는 장소별로 어떻게 보이는지 관찰하여 그린 것이 특징이다. 모두 어떤 형태로든 후지산이 들어가 있다.

일본 신여권에 실릴 그림은?

보도에 따르면 여권에는 이러한 36개 경치 중 24개만 실린다. 그 스물네 개의 작품은 〈카나가와 앞바다 큰 파도神奈川沖浪裏〉,〈개풍쾌청 붉은 후지산凱風快晴 赤富士〉,〈코슈의 카지카 호수甲州石班澤〉,〈에도의 니혼바시江戶 日本橋〉,〈온마야가시 제방에서 료고쿠 다리 너머 석양을 보다御厩川岸より両国橋夕陽見〉 등이다.

이 중에서도 가장 주목되는 것은 단연 〈카나가와 앞 큰 파도〉이다. 반고흐의 그림 〈별이 빛나는 밤Starry night〉에 영감을 준 작품이기도 하다. 이 그림은 도쿄 인근에 있는 카나가와 해안(현재 요코하마시)을 무대로 한다. 바다에는 거대한 파도가 치고 있다. 쓰나미일 수도 있다. 그 파도 위에서 세 척의 배가 요동치고, 배에 탄 사람들은 온 힘을 다해 배를 붙잡고 있다. 인간의 필사적인 몸부림이다. 저 멀리 보이는 후지산은 고요히 서 있을 뿐이다.

〈카나가와 앞 큰 파도Great Wave off Kanagawa〉 근경으로 잡은 파도와 인간, 그리고 원경으로 잡은 후지산이
대비되고 있다. 이 그림에서 호쿠사이는 서양 미술에서 배운 원근법을 활용하였다. 또한 이 그림에서 그는 독일
제 청색 물감을 많이 사용하였다. 호쿠사이는 그의 이 작품이 서양을 휩쓸 것이라고 예상하지 못했을 것이다.

〈개풍쾌청 붉은 후지산Fine wind, Clean morning, Mount Fuji〉 호쿠사이가 후지산을 표현한 일명 〈Red Fuji〉다.
정상에 쌓인 눈과 산 아래의 숲이 대비되어 때가 가을임을 표현한다. 해가 뜨면서 산이 붉은빛을 띠고 가을 하늘
은 청명하다.

국화 꽃잎 16개와 현재 일본의 여권

일본 여권의 표지는 붉은색이다. 그리고 그 위에 노란색으로 글자와 이미지가 표현되어 있다. 표지 중앙에는 국화菊花 문장이 보인다. 국화는 잘 알려진 바와 같이 일본 왕실을 나타내는 꽃이다. 1192년 일본의 고토바 상왕이 국화를 좋아해서 왕실 문장으로 정한 것이 시초라고 한다.

근대에 들어서는 국화 문장에 대한 규율이 더 체계화되고 강화되었다. 메이지유신 이후인 1871년부터 일본은 왕족이 아닌 사람이 국화 문장을 사용하는 것을 금지했다. 그리고 왕족 안에서도 상하에 따

일본 여권(왼쪽). 유효 기간이 10년짜리는 붉은 표지를, 5년짜리는 남색 표지를 쓰고 있다. 20세 이상 성인은 둘 중 하나를 선택할 수 있으나 19세 이하 미성년자는 남색 표지 여권만 받을 수 있다. 일반여권, 관용여권, 외교여권이 각각 다른 색을 쓰는 것은 통상적인 일이지만 일본처럼 일반여권이 두 가지 색상으로 나뉘는 것은 드문 일이다. 여권 표지에 새겨진 국화 문장(오른쪽)은 빨간 바탕에 노란색으로 도안되어 있고 국화 꽃잎 16개가 그려져 있다. 일본은 공식 국가 문장은 없지만 국화를 사실상의 국가 문장으로 쓰고 있다.

라 국화의 세부 모양을 달리했다.

한편 국화를 위에서 보고 그린 도안은 '표국表菊' 또는 '국'이라고 하고, 아래에서 보고 그린 도안은 '이국裏菊'이라고 한다. 일본 국왕과 왕실은 국화 꽃잎 16개가 겹으로 이뤄진 '16엽 8중 표국' 문장을 썼던 반면, 기타 왕족들은 이보다 꽃잎 수가 적은 국화를 썼다. 현재 일본 여권의 표지에는 16개의 잎이 홑겹으로 디자인된 '16엽 1중 표국' 국화 문장이 새겨져 있다.

벽오동 심은 뜻은 봉황을 보렸더니

"벽오동 심은 뜻은 봉황을 보렸더니"라는 문구로 시작하는 시조가 있다. 이 시조는 봉황이 벽오동 숲에만 깃드는 존귀한 존재라는 동양적 사고를 배경으로 한다. 그런데 일본도 봉황과 오동나무에 얽힌 의미를 받아들여 정부의 로고에 오동을 사용하고 있다.

일본 정부의 로고로 쓰이는 오동나무 문양(왼쪽)과 총리실 로고(오른쪽).

도안의 하단부에는 오동나무 잎이 세 개 있다. 상단부에는 꽃송이가 마치 올림픽 시상대에 오른 선수들처럼 서 있다. 꽃송이는 좌우에 각각 5개의 꽃잎, 중앙에 7개의 꽃잎이 있는 형태이므로 오칠동문五七桐紋이라고 불린다. 일본어로는 '고시치 키리몬'이라고 한다. 역사적으로 이 문장은 도요토미 히데요시 가문의 상징이다. 왕실의 국화 문장, 도쿠가와 가문의 접시꽃 문장과 함께 일본 역사상 가장 유명한 문장 중 하나다.

여권 내부의 인적 사항 면을 펼치면 이와 같은 도안의 오칠동문을 볼 수 있다. 일본 총리와 내각의 각 부처들이 오칠동문을 상징으로 쓰고 있다.

역사가 오래된 일본의 무늬들

문장紋章 문화는 서양에서 주로 발전하였는데 아시아 국가인 일본이 문장을 애용하는 것은 일본의 고유한 역사와 관련이 깊다고 한다. 일본은 오랫동안 각 지방에 봉건 영주가 할거하는 봉건제 사회였고, 그 기간 중에는 영주를 정점으로 무사들의 전쟁이 거의 상시 일어났다. 그렇기 때문에 전투에서 자기편과 상대편을 구별할 수 있는 문장이 필요했다. 결국 이러한 필요성에서 출발한 문장은 귀족 가문에서 시작되어 나중에는 사찰, 상점, 식당, 심지어 개인까지 고유한 문장을 갖는 문화로 확산되었다. 왕실의 국화 문양도 이러한 문화의 일부라고 할 수 있다.

일본 여권 인적 사항 면의 상단 양쪽 모서리와 인물 사진의 좌하단과 우상단에는 오동나무 잎 모양의 일본 정부 로고가 있다.

　한편 일본의 문장은 국화와 오동나무 같은 식물 이외에도 기하학적 문양, 글자를 응용한 문양, 동물 문양 등 다양한 형태를 띤다. 오늘날 일본항공JAL의 로고로 우리에게 익숙한 붉은 학 문양은 동물 문양의 한 예다. 이 로고는 미국인 디자이너가 일본인들의 문장집을 보고 만든 것으로 알려져 있다.

　또한 일본 여권은 모든 사증 면에서 동일한 디자인을 반복하고 있다. 그것은 벚꽃 무늬다. 일본 사람들의 벚꽃 사랑은 유명하다. 일제히 피었다가 순식간에 사라지는 모습, 꽃잎 하나하나는 볼품이 없지만 무리 지어 있는 모습은 환상적인 점 등은 벚꽃에 대한 여러 가지 문화적 해석을 만들었다. 일본의 무사도를 상징한다거나, 일본의 군국주의를 상징한다는 등의 해석이 그것이다.

　요즘 우리나라에서도 봄 하면 벚꽃을 가장 먼저 떠올리는 사람이 많다. 이제 벚꽃은 우리에게도 친숙한 꽃이다. 그런데 일본인들의 벚꽃 사랑은 남다르다. 이를 반영하듯 일본 여권의 사증 면에도 벚꽃 무늬가 반복해서 새겨져 있다.

도쿄올림픽 전야의 여권

일본 문화는 세계 시장에서 상당한 몫을 점하고 있다. J-POP, 선禪 문화, 일본 음식, 애니메이션 등 일본 문화는 세계적으로 마니아층을 확보해둔 상태다. 그리고 일본은 2020년 도쿄올림픽을 개최한다. 1964년에 이어 두 번째다. 세계인들이 또 한 번 일본의 문화에 주목

2019년 발행될 새 여권의 모습. 표지는 여전히 붉은색과 남색을 쓰지만, 내지의 디자인은 크게 바뀐다. 호쿠사이의 후지산 연작 중 선택된 그림의 시안.(출처: 일본 외무성)

할 시간이 다가오고 있는 것이다. 그런 의미에서 새 여권은 남다른 의미가 있을 것 같다. 새 일본 여권이 일본 문화를 잘 드러내는 문화적 소재가 될 수도 있기 때문이다.

세월의 차이가 묻어나는 여권

사진의 왼쪽은 이승만 전 대통령의 여권이고 오른쪽은 미
국 오바마 전 대통령의 여권이다. 한눈에 봐도 세월이 느껴
진다. 일단 사진의 유무가 가장 큰 차이다. 그리고 이승만
대통령의 여권에는 성명과 나이(27세) 등 신분 정보가 펜글
씨로 표시되어 있다.

   그러나 오바마 대통령의 경우 모든 정보가 인쇄되어 있
다. 오늘날 우리가 소지한 여권도 후자와 같은 형태다. 성
명, 생년월일, 성별, 여권 번호 등의 항목 그리고 사진의 위
치까지 같다. 이는 현대 여권의 기본 구조가 국제 규격에
맞춰져 있기 때문에 가능한 일이다.

왼쪽은 이승만 전 대통령 여권(출처: 국가기록원), 오른쪽은 오바마 전 대통령의 여권이다.(출
처: 오바마 행정부 백악관 홈페이지 동영상)

05

한국

KOR

역동적인 나라, 역동적인 사람들

빠르게 늘어나는 해외여행객들

CNN에 따르면 우리나라는 최소한 10개 분야에서 세계 1위다. 그 분야를 보면 인터넷 연결도, 정상급 여성 골프 선수의 수, 항공기 승무원의 친절도, 프로 게이머의 수준, 신용카드 보급률, 성형 의료 기술, 화장품의 혁신성, 소개팅이 꼽힌다. 그리고 두 가지가 더 있는데 '일과 공부에 대한 중독', '강력한 음주 문화'가 그것이다.

외국인의 눈에도 한국은 급속한 변화가 이뤄지고, 스트레스도 많으며, 사람들의 에너지가 넘치는 사회로 보이는 모양이다. 오늘날 한국은 더 이상 조용한 아침의 나라가 아니다. 시시각각 변화하는 역동적인 나라. 그 역동성은 해외여행 통계에서도 그대로 나타난다. 흔히 그동안 아시아에서는 일본 사람들이 해외여행을 많이 가는 것으로 유명했다. 그러나 최근 유엔 세계관광기구의 통계에 따르면 우리나라가 일본을 앞지른 것으로 나타났다.

	1995년	2016년
일본	1,500만 건	1,700만 건
한국	382만 건	2,200만 건

한국과 일본의 해외여행 통계.(출처: 유엔 세계관광기구)

우리나라에서는 지금도 많은 사람이 대한민국 여권을 손에 쥐고 해외로 나가고 있다. 한국 여권은 사람들 사이에서, 그리고 해외에서 갈수록 존재감이 커질 물건이다. 그런 만큼 한국 여권의 페이지를 한번 살펴보는 것도 의미가 있을 것이다.

그런데 그 전에 한 가지 짚고 갈 일이 있다. 최근 언론 보도에 따르면 우리나라는 2020년에 새로운 디자인의 여권을 도입할 예정이다. 이러한 차세대 여권은 여러 가지 변화와 아울러 여권 표지 색을 현재의 녹색에서 남색으로 바꾼다고 한다. 이렇게 되면 32년 만에 여권의 바탕색이 바뀌는 셈이다. 하지만 지금 이 순간에도 현행 여권은 발급되는 중이며, 앞으로 최장 10년의 여권 유효 기간 동안 통용될 것이다.

무궁화 꽃이 피었습니다.

우리나라 여권의 표지 한가운데에는 대한민국의 국가 문장, 즉 국장國章이 표시되어 있다. 우리나라의 국가 문장을 보면 한가운데에 태극이 있고 이를 중심으로 무궁화 꽃잎 5장이 감싸고 있다. 무궁화無窮花

한국 여권의 표지(왼쪽)와 대한민국 국장(오른쪽). 한국 여권은 2017년 한 해 동안 523만 건이 발급되었다.

는 'Hibiscus Syriacus' 또는 'Korean Rose'로도 불리는데, 피고 또 피어 영원히 지지 않는 꽃이라는 의미를 지닌다. 애국가의 가사 '무궁화 삼천리 화려강산'을 연상시키듯 무궁화가 국가 문장의 중심부에 자리하고 있다. 그리고 아래에는 '대한민국'이라는 글자가 쓰여 있다. 원래는 태극과 4괘를 중심으로 한 도안이었는데, 1963년에 무궁화가 추가되어 그 뒤로는 기본적인 틀이 유지되고 있다.

한편 19~20세기 들어 동양이 서양으로부터 여권의 개념을 받아들였을 때 이를 어떻게 번역하는가는 한자 문화권 내에서도 달랐다. 중국은 호조護照라고 번역했다. 이는 지키고 비춰준다는 뜻이다. 간체자이든 번체자이든 '지킬 호' 자와 '비출 조' 자를 쓰고 '후자오'라고 발음한다. 이 번역은 여권의 소지자에 대해 본국이 외교적 보호권을 제공한다는 의미가 두드러진 번역으로 보인다. 호조는 중화권에서 모두 쓰이고 있다. 중국, 대만, 홍콩, 마카오 등 모두 여권을 호조라고 표현하고 있다.

한편, 한국은 여권旅券이라 부른다. 여행할 때 쓰는 신분증이라는 측면이 부각된다. 북한도 두음법칙 없이 '려권'으로 표기하고 있어 우리와 같은 용어를 쓴다. 일본도 여권이라 쓰고 있다.

한국 여권의 내부 페이지

우리 여권 1페이지에는 외교부 장관이 각국 공무원에게 당부하는 요청문이 인쇄되어 있다. '본 여권의 소지인은 대한민국 국민이므로 통행을 보장하고 각종 편의를 베풀어달라'는 내용이다.

2페이지는 '인적 사항 면'이다. 여권법령에서는 '신원 정보 면'이라고 부르는 페이지로서 편의상 '사진 면'이라고도 부른다. 인적 사항 면은 여권에서 가장 중요한 페이지다. 이곳에는 여권 소지인의 인물 사진과 신분 정보가 인쇄된다. 그리고 그 위로는 얇은 투명 물질이 덮여 있다. 이 투명 물질은 제3자가 불순한 목적을 가지고 소지인에 대한 정보를 지우거나 바꾸지 못하도록 밀착 보호막을 덮어놓은 것이다. 이러한 보호막은 여권의 지면을 보호하므로 그 자체로도 여권의 보안성을 높이지만, 보호막 자체에도 별도의 이미지가 새겨져 있어서 보안성을 한층 높인다. 보호막에 어떤 인공적인 변형을 가할 경우 그 이미지가 손상될 것이고 이는 여권이 위조되거나 변조되었다는 유력한 정보가 되기 때문이다.

3페이지는 여권 소지인이 자신의 서명을 기입하고, 여권이 어느 국가에서 유효한지 범위를 밝히는 공간이다. 우리나라 여권은 원칙적으로 모든 국가에서 유효하다. 그러나 우리나라와 달리 일부 이슬람권 국가들의 여권을 보면 '이스라엘에서는 유효하지 않다'는 표기가 있어 양쪽의 갈등 관계를 보여준다.

여권은 지금까지 언급한 표지와 인적 사항 면, 그리고 기타 부수적인 안내 페이지들을 제외하면 대부분의 페이지가 '사증 면'이다. '비자 페이지'라고도 불리는 이 공간은 출입국심사를 받을 때 출입국심사관들로부터 도장을 받는 페이지다. 그리고 외국 정부가 비자(사증)를 발급할 때 그 비자를 부착해주는 페이지이기도 하다.

일반적으로 사증 면에는 삽화가 배경으로 인쇄되기 마련이다. 여권을 위조하기 어렵게 하기 위한 보안 차원의 그림이지만 미적인 측면도 무시할 수는 없다. 그런데 여권에 따라서는 그 배경 그림을 하나만 쓰는 여권이 있고, 페이지마다 달리하는 여권이 있다. 현재 다수의 국가는 전자다. 제작 비용이 적게 들기 때문일 것이다. 우리나라 여권도 남대문과 다보탑이라는 하나의 이미지를 반복하므로 전자에 속한다. 일본 여권도 마찬가지다. 그러나 미국 여권처럼 각 페이지에 배경 그림을 달리하는 국가가 늘고 있는 것도 하나의 추세다.

여권의 마지막 내부 페이지는 소지인의 연락처를 적는 페이지이다. 그리고 이어진 뒤표지에는 '주의 사항'이 적혀 있다. 이는 여권에 내장된 전자 칩이 손상되지 않도록 주의해달라는 것이다. 실제로 전자 칩에는 인적 사항 면의 기계판독영역에 있는 정보가 모두 수록되어 있다. 그리고 이러한 문자 정보 외에 이미지 정보도 저장되어 있다. 여권상의 얼굴 사진을 디지털화한 이미지다. 여권의 전자 공간이 훼손되지 않도록 주의 사항에 정말 주의해야 하는 이유다.

거북선과 훈민정음, 여권에 남아

우리 여권의 인적 사항 면은 여러 이미지를 두고 있는데, 그중 하나가 거북선이다. 거북선은 우리에게 너무나 익숙한 존재다. 1597년 거제도 칠천량 해전에서 파괴되어 그 후로는 흔적을 찾을 수 없다. 다행히 우리나라 여권이 거북선의 이미지를 되살리고 있으니 그 의미가 적지 않다.

인적 사항 면에 새겨진 또 하나의 이미지는 훈민정음에 실린 세종대왕의 서문이다. 한글은 세종대왕이 만들 때는 그의 서문에서 보듯이 28자로 되어 있었다. 그러나 오늘날은 24자만 사용되고 있다. 어떤 사람들은 4자를 버리지 않았더라면 한글이 표현하지 못할 외국어 발음이 없었을 것이라고 주장하기도 한다.

한편 우리는 우리 나름의 문자가 있는 것을 당연하게 여긴다. 그만큼 익숙하기 때문이다. 하지만 외국인의 눈으로 보면 그렇지 않은 모양이다. 싱가포르 국립대학교 교수 스위즈는 그의 책《중국, 엄청나게 가깝지만 놀라울 만큼 낯선》에서 문자에 대해 다음과 같이 쓰고 있다.

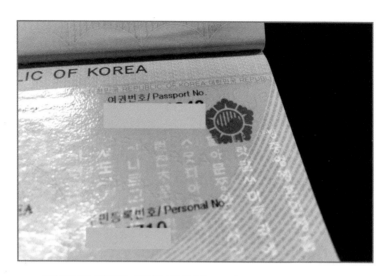

여권 인적 사항 면에 비치는 훈민정음 서문. 맨 우측 위부터 '세종어제 훈민정음'으로 시작한다.

"문자를 빌려 쓰는 일은 아주 많았다. 과거에 일본어, 한국어, 베트남어 등도 한자를 빌려 글을 썼지만, 지금은 일본어가 아직까지 일부를 한자로 쓰는 것 말고는 한국어, 베트남어는 모두 고유의 문자로 기록한다. 고유의 문자가 있느냐, 없느냐 하는 것은 한 민족의 문명에 지대한 영향을 미친다. 또 어떤 문자체계를 선택하는가에 따라 그 민족의 과학기술이 어떻게 발전할지 방향이 정해진다."

저자가 문자와 문명, 그리고 문자와 과학기술의 관계를 말하는 대목을 읽다 보면 우리는 한글의 의미를 다시 한번 생각하게 된다. 사실 한글은 기적적으로 우리에게 왔다. 세종이 한글을 만들 때 내부적으로는 보수파가 공격했기 때문에, 외부적으로는 중국의 참견을 우

이집트 알렉산드리아 도서관 외벽에 쓰여 있는 인류의 120개 문자. 연못 왼쪽 위 부분에 한글 '름' 자가 보인다.

려했기 때문에 역경의 연속이었다고 한다. 최만리 같은 사람들은 "전하, 중국을 버리고 오랑캐의 글을 가지겠다는 말씀이옵니까?"라고 압박했다. 그런 가운데서도 한글은 우리에게 왔다.

또한 근현대에 각국에 진출해 성경을 가르쳤던 서양 선교사들은 우리나라 사람들의 빠른 문자 해독에 감탄했다고 한다. 조금만 교육의 기회를 주면 곧잘 한글 성경을 읽어냈기 때문이다. 1910년 6월 영국 스코틀랜드 에든버러에서 열린 세계선교사대회에서는 "아마 한국어 이외의 어떤 언어도 그렇게 짧은 기간에 기독교적 사상과 용어를 쉽게 옮겨 전할 수 없었을 것이다"라는 내용을 담은 보고서가 제출되었다. 한글이 얼마나 배우기 쉬운 문자인지 보여준 사례이다.

수원 화성

여권 뒤표지의 안쪽 면에는 수원 화성華城의 모습이 실려 있다. 화성의 장안문과 팔달문은 얼핏 보면 서울의 남대문과 비슷해 보이지만 대문의 외곽에 성벽이 한 겹 더 있는 점이 특징이다. 적의 침입에 더 잘 대처하기 위해 옹벽을 둘렀다. 화성은 조선시대 정조가 건설한 것으로 유명하다. 그런데 정조와 함께 빠트릴 수 없는 사람은 정약용이다. 40세의 임금 정조와 그가 신임하는 30세의 신하 정약용, 이 두 사람의 환상적 조합이 없었다면 화성은 존재하지 않았을 수도 있다.

정조는 도시 창조라는 거대 계획을 정약용에게 맡겼고, 정약용은 정조의 기대에 부응했다. 정약용은 화성을 건설하면서 거중기를 사용한 데서 보듯이 서양 기술의 장점은 과감히 흡수했다. 그리고 한국 성곽들에서 전통적으로 보이는 자연 지형과의 조화는 그대로 살렸다. 장점이 있으면 기존 관습에 구애받지 않고 취할 줄 아는 그의 실학 사상이 화성 건축에서 발휘되었다.

현재 수원에서 화성이 차지하는 의미는 크다. 수원시의 장안구와 팔달구라는 명칭이 화성의 북문인 장안문과 남문인 팔달문에서 비롯되었을 정도다. 그러나 화성이 늘 그런 대접을 받아온 것은 아니다. 일제강점기와 한국전쟁을 거치면서 화성은 황폐화되었다. 당시 시중에는 "북문은 부서지고, 동문은 도망가고, 서문은 서 있고, 남문만 남아 있다"라는 말이 나올 정도였다.

그러나 화성은 선조들이 남긴 기록 유산 덕분에 성공적으로 복원

수원성이 표현된 여권 뒤표지.

될 수 있었다. 〈화성성역의궤〉라는 문헌이 그것인데, 그 안에는 거중기의 모습을 비롯해 각 건물을 지었던 상세한 정보가 기록되어 있었던 것이다. 이렇게 기록유산을 이용해 문화유산을 소생시킨 사례는 세계적으로도 드물다고 한다. 우리나라는 전통적으로 기록을 중시해 왔다. 고려의 팔만대장경과 조선의 조선왕조실록, 그리고 화성의 건축 기록도 빠트릴 수 없는 예로 꼽히고 있다.

화성의 돌멩이에 얽힌 이야기

한편 수원 화성과 관련하여 잘 알려지지 않은 이야기가 하나 있다. 바로 미국 시카고의 한 건물에 수원 화성의 파편이 전시되어 있다는 것

〈시카고 트리뷴〉 타워의 모습(왼쪽)과, 수원성 파편이라 표시된 돌이 박혀 있는 모습(오른쪽).

이다. 그 건물은 미국의 신문사 〈시카고 트리뷴Chicago Tribune〉의 건물이다. 1925년에 준공된 이 건물의 외벽에는 야구공 만한 크기의 돌이 백여 개 장식으로 박혀 있다. 세계 유명 건물이나 유명 장소에서 채취한 돌들이다. 구체적인 출처를 보면 남극, 만리장성, 타지마할, 피라미드, 성 소피아 대성당, 안데르센의 집, 달, 미국 국내 등 다양하다.

그런데 흥미롭게도 총 149개의 돌 중에는 우리나라 것도 하나 있다. 수원 화성의 돌 파편이다. 그 아래에는 "Ancient Gate, Suwon Korea(오래된 성문, 한국 수원)"이라는 글귀가 써 있다.

원래 이 건물에 박힌 돌들은 〈시카고 트리뷴〉의 한 기자가 제1차 세계대전 때 유럽에 종군기자로 파견되면서 수집하기 시작했다고 하는데, 그 후로도 계속 추가되었다. 베를린장벽의 파편, 9·11 테러 당시 세계무역센터 파편 등은 최근에 추가된 것들이다. 그런데 어떻게 수원 화성의 돌 한 조각이 미국에까지 가서 박혀 있는지 신기할 따름이다. 혹시 한국전쟁 기간 중에 종군기자들이 챙겨 간 것은 아닌지 모르겠다.

거북선, 훈민정음, 수원 화성에서 느끼는 결연함

지금까지 본 거북선이나 훈민정음, 수원 화성은 하나의 공통점을 가지고 있다. 바로 많은 이들의 집념으로 만들어졌다는 것이다. 우리는 살다가 때로 역경을 마주하게 된다. 이러한 순간에 어떤 사람들은 절대 물러나지 않겠다는 비장함과 결연함을 보인다. 이는 자신이 수세에 몰리더라도 버텨낼 수 있게 해주는 힘이 된다. 이런 사람들은 결정적인 때가 오면 그 흐름을 공세로 전환시켜 마침내 무언가를 만들어낸다.

먼저 거론되었던 이순신의 거북선을 봐도 그렇다. 거북선의 존재는 수세에 몰리던 조선이, 한산도 앞바다에서 뱃머리를 돌려 일본 수군을 제압하고 임진왜란의 흐름을 바꿔놓던 순간을 증명한다. 훗날 이순신은 명량에서 역류에 끈질기게 버티며 일본의 공격을 막아냈다. 그리고 물길이 돌아서자 기적적인 승전을 일구어 정유재란의 흐름을 역전시켰다.

훈민정음의 경우도 그렇다. 한글은 맹목적으로 중국을 숭상하던 시대적 분위기에 굴하지 않겠다는 세종의 결연함이 없었더라면 태어나지 못했을 문자다. 사실 그의 할아버지는 군사력이 약한 나라가 군사력이 강한 나라를 치는 것은 불가능하다며 회군을 강행했던 사람이다. 그러나 세종은 그의 할아버지가 만든 흐름에 맞섰다.

수원 화성도 그런 점에서 비슷하다. 정조의 아버지인 사도세자는 뒤주에서 죽었고, 정조는 젊은 날을 죄인의 아들로 살아야 했다. 그렇게 수세에 몰렸던 정조였지만, 그는 죽은 아버지와 살아 있는 어머니의 환갑이 겹치는 1795년이 되자 아버지의 묘가 있는 수원으로 최대 규모의 행차를 결행했다. 그리고 자신이 바로 사도세자의 아들임을 온 백성들에게 알렸다. 그 이듬해에는 바로 그 수원에 화성을 완성했다. 이처럼 거북선, 훈민정음, 수원 화성은 이를 만들어낸 사람들의 결연한 의지를 보여준다.

창덕궁과 여러 가지 이미지들

우리 여권은 인적 사항 면 외에도 다양한 문화재의 이미지를 담고 있다. 서명 기입란이 있는 페이지에는 배경 그림으로 창덕궁이 그려져 있다. 창덕궁은 조선의 궁궐 중 가장 아름답다는 평을 듣는다. 경복궁의 동쪽에 있다고 해서 동궐이라고도 불렸던 이 궁궐은 활용 면에서는 경복궁보다도 쓰임새가 더 컸다고 한다. 실제로 조선의 궁궐 중 가장 오랜 기간 임금들이 거처했다.

창덕궁은 우리나라 궁궐들 중에서는 유일하게 유네스코 문화유산으로 등록되어 있다. 원형이 잘 보존되어 있기도 하지만 무엇보다도 자연과의 배치가 조화롭다는 찬사를 받고 있다. 1405년 태종 때 지

인적사항 옆페이지에 있는 창덕궁 인정전의 실제 모습.

어졌다가 광해군 때 다시 지어진 이 궁궐에는 그 중심에 인정전仁政殿이 있다. 여권에 나온 배경 그림이 바로 그 인정전이다. 인정전에서는 국왕이 신하들과 국사를 논했고, 인정전 마당에서는 국왕의 즉위식을 비롯한 국가의 주요행사가 열렸다.

또한 창덕궁은 아름다운 후원後苑으로도 유명하다. 이 정원은 왕의 산책지로 조성된 곳이다. 계곡과 숲이 있어 왕과 왕족에게 좋은 휴식처가 되었다고 한다. 왕실 도서관인 규장각도 후원에 있었다. 창덕궁의 총 넓이는 창경궁을 포함할 경우 20만 평에 이르는데, 그중 후원의 넓이만 6만 평을 차지한다.

한편 같은 페이지에서 시선을 조금 아래로 내리면 종묘의 영녕전永寧殿을 발견할 수 있다. 종묘는 지리적으로 창덕궁 바로 인근에 위치

한국 여권 사증 면에 인쇄된 남대문(왼쪽)와 다보탑(오른쪽).

한 건물이다. 조선 왕실의 제사를 지내는 공간인 이곳 역시 유네스코 문화유산으로 지정되어 있다.

여권의 사증 면에서는 숭례문과 다보탑이 반복하여 배경 그림을 이루고 있다. 그리고 그 옆에는 몇 가지 보조적인 이미지도 나타나 있다. 당초무늬와 삼태극 무늬가 그것이다. 당초무늬는 홀수 쪽과 짝수 쪽을 달리하여 각각 여섯 개씩 표현되어 있고, 삼태극 무늬도 모든 페이지에서 반복되고 있다. 삼태극 무늬는 음양을 파란색과 빨간색의 두 영역으로 표현하는 태극 무늬에 노란색 영역을 더한 형태다. 서울올림픽 로고나 전통 부채에서 보이는 문양이다.

한국 여권에 담길 미래

한국 여권의 가장 큰 특징은 한국의 문화를 표현하고 있다는 점이다. 특히 역사적 소재들을 여권 디자인에 많이 이용하고 있다. 우리 조상들이 인간 정신의 궁극의 수준까지 예술 정신을 발휘했던 사물들이 여권을 채우고 있다. 거기에는 다보탑 같은 외형적인 문화유산도 있고 훈민정음 같은 무형의 문화유산도 있다. 그렇지만 공통적으로 '문화'가 배어 있다.

한편, 앞서 말한 대로 우리나라에서는 조만간 새 여권이 나온다고 한다. 쉽지 않은 작업일 것이다. 게다가 우리가 의식하건 의식하지 않건 한국은 국제사회에서 비중이 만만치 않은 나라가 되었다. 이미 주요 20개국(G20)의 일원이고 앞으로 그 위상은 더 높아질 것이다. 이제 관심은 미래다. 널리 인간 세상을 이롭게 한다는 국가 이념을 가진 이 나라의 미래가 어떤 모습일지 궁금해진다.

여권은 하루아침에 만들어지지 않았다

로마는 하루아침에 이뤄지지 않았다. 여권도 마찬가지다. 여권이 오늘의 형태가 되기까지는 꽤 세월이 흘렀다. 초기에 여권은 달랑 한 장이었다. 사람의 이름과 신체 특징 등 극히 간단한 정보를 표시한 것이었다. 그러다 사진기가 보급되자 사진이 추가되는 변화가 따랐다. 그렇지만 여전히 여권은 나라마다 달랐다. 여권의 크기와 규격, 기재 항목도 모두 달랐다. 그럼에도 불구하고 그다지 큰 불편이 없었던 것은 그만큼 해외여행자들이 적었기 때문이었다.

그러나 20세기 들어 상황은 바뀐다. 국가 간 인적 이동이 크게 증가한 것이다. 당연히 국경 통과에 걸리는 시간이 길어졌고 국가들은 외국인의 신원을 확인하는 데 애를 먹었다. 바로 이때 나온 제안이 여권의 형식을 세계적으로 통일하자는 것이었다. 그렇게 된다면 국경 통과 절차가 좀 더 효율적이 될 테고, 그만큼 인적 교류도 수월해질 것이라는 계산이 그 제안의 배경이었다. 마침 유럽이 제1차 세계대전으로 인한 반목에서 벗어나는 데도 이런 변화는 도움이 될 것 같았다.

이러한 시대적 분위기에서 국제연맹LN은 여권의 표준화

를 의논하는 무대가 되었다. 1920년 10월 21일 국제연맹
은 프랑스에서 회의를 개최했다. '여권, 관세 규칙, 통행권
에 관한 국제회의(Conference on Passports, Customs Formalities and
Through Tickets)'였다. 이 자리에서 42개 참가국들은 국제연
맹의 기술위원회가 제안한 여권의 통일 모델을 채택하였
다. 그리고 1926년 5월 제네바에서도 각국 대표들이 모여
표준화의 구체적인 방법을 놓고 논의하였다.

　　1920년 회의에서 국제연맹은 몇 가지 중요한 결정을 했

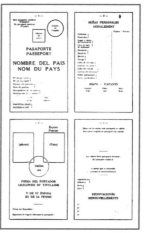

1920년 여권, 관세규칙, 통행권에 관한 파리 국제회의에서 채택된 결의문(왼쪽).
1920년 국제연맹에서 채택된 여권의 규격(오른쪽). 이 규격은 국제연맹 통신통행 자문기술위원
회가 만들었다. 여권의 외관을 어떻게 구성하고 항목은 무엇을 둘 것인지 등을 보여주고 있다.
자세히 보면 프랑스어가 두드러진다. 당시 프랑스어의 위상이 높았음을 알 수 있다.

다. 먼저 여권의 표지를 속지와 달리 딱딱한 재질로 쓰기로 결정했다. 그리고 그 표지의 중앙 부분에는 여권 발행국의 국가 문장을 넣기로 결정했다. 지금 우리가 여권에 국기가 아닌 국가 문장을 쓰고 있는 관행이 이때 정해진 것이다.

여권을 책자 형태로 제작하자는 것도 결정 사항이었다. 32페이지가 기준이었다. 그 외에도 여권의 크기를 가로 10.5센티미터 세로 15.5센티미터로 할 것, 그중 앞의 4페이지까지는 인물의 얼굴 사진과 직업, 주소 정보를 넣는 것 등도 결정되었다. 일찍이 없었던 국제적 통일이었다. 그리고 그 틀은 향후 백 년을 이어갈 것이었다.

06

중국

CHN

천하를 걸고 벌인 한판 승부

건곤일척의 승부

살면서 누구나 큰 승부를 벌여야 할 때가 있다. 그런 결단의 순간은 개인에게도, 집단에게도 찾아온다. 운명을 건 한판 승부, 그것은 건곤일척乾坤一擲이라는 말에 꼭 맞는다. 건은 하늘, 곤은 땅이니 천하를 걸고 승부를 보는 것이다. 여기서 승리하면 역사는 오래도록 승자의 편에서 전개된다.

중국 역사에서 건곤일척의 순간은 언제였을까? 그들의 긴 역사를 생각할 때 그런 승부는 한두 번이 아니었을 것이다. 그러나 만리장성 산해관山海關 전투는 그중에서도 인상적이다. 중국 여권 12페이지에도 소개되고 있는 이 장소는 1644년 5월 27일 건곤일척의 승부가 벌어졌던 곳이다. 그 사건은 그 후 중국 300년의 역사를 바꿨고, 덤으로 당시 중국 남성들의 헤어스타일까지 바꿔버렸다.

중국 허베이성 친황다오秦皇島시에 있는 만리장성 산해관의 모습.

북방 민족에 대한 명明의 경계 태세

때는 1644년. 당시 중국의 주인은 명나라(1368~1644)였다. 우리가 잘
알듯이 한족 왕조인 명나라는 몽골족이 통치하던 원나라 다음 왕조
다. 그래서 명은 몽골족을 비롯한 북방 민족에게 상당한 경계심을 가
지고 있었다. 다시는 이민족에게 중국을 빼앗기지 않도록 북방을 매
우 경계했던 것이다. 이러한 경계심은 수도의 위치에서도 드러났다.
명은 자신들의 초기 근거지인 남경을 떠나 북경으로 수도를 옮겼다.
이러한 천도는 정권 초기, 왕조 내부의 권력 다툼에도 그 원인이 있
었지만, 무엇보다도 북방을 확실히 장악하겠다는 각오 때문에 이뤄
진 일이었다. 명은 그만큼 북방 민족을 경계했다.

수도를 전진 배치한 것만으로 끝이 아니었다. 명은 대대적으로 만리장성을 축조했고 만리장성 산해관과 만주 사이에는 그들의 최정예 부대를 주둔시켰다. 산해관이 뚫리면 그곳에서 300킬로미터 떨어진 북경은 시간문제였기 때문이다.

그런데 왕조 말기가 되자 문제는 의외의 곳에서 발생했다. 내부에서 농민 반란이 일어났던 것이다. 반란군은 대대적인 규모로 수도 북경을 공격했다. 수도가 함락될 상황에 처하자 다급해진 명의 조정은 평소라면 내리지 않았을 명령을 내린다. 바로 만주족에 대비해야 할 최정예 부대를 수도로 불러들인 것이다. 이제 명의 군대는 주둔지를 비운 채 구원병이 되어 수도로 향했고, 그들이 떠나면서 생긴 힘의 공백을 채운 이들은 바로 만주족이었다.

하지만 북경을 향하던 명의 군대는 산해관 근처에서 멈춰 섰다. 이미 북경이 함락되었고 황제마저 자살했다는 소식을 들었기 때문이다. 자신들이 구원해야 할 왕조 자체가 사라졌다는 의미였다. 한편 북경을 함락한 반란군은 그 여세를 몰아 산해관을 향해 동진해오고 있었다. 그리고 다른 한편, 만주 방면에서는 만주 일대를 이미 장악한 만주족의 군대가 서쪽으로 세력을 펼치고 있었다.

산해관은 세 집단, 즉 충성의 대상을 잃어버린 명의 정규군, 수도를 함락하고 정규군마저 굴복시키려는 반란군, 그리고 동북쪽에서 호시탐탐 중원을 노려온 만주족이 만날 운명의 장소가 되고 있었다.

1644년 5월 27일, 운명의 산해관

순간 건곤일척의 승부수를 던진 것은 만주족이었다. 누르하치의 열네 번째 아들이자 만주족 최고의 군사 실력자 도르곤(예친왕)은 만주족 군대에게 중원 공략을 명령했다. 1636~1637년 병자호란 때에도 참전했던 도르곤은 인조의 항복을 받은 청태종 홍타이지의 이복 동생으로, 홍타이지 이후 만주족의 모든 군사력을 관할하고 있었다. 도르곤이 표면상 내세운 명분은 '명의 군대를 도와 농민 반란군을 진압하고 명 왕조를 구원한다'는 것이었다.

만주어로 오소리를 뜻한다는 도르곤은 명의 군대가 협력하기로 연락을 전해오자마자 전광석화처럼 움직였다. 만주족의 군대, 즉 팔기군八旗軍을 출병시켜 하루 만에 만주에서 산해관까지 150킬로미터를 주파했다. 이렇게 해서 산해관에 이른 만주족의 군대는 명의 군대가 열어주는 산해관을 통해 중원에 발을 디뎠다. 적군을 막으려고 지은 만리장성에서 그 관문을 열어준 것이 바로 정규 군대였다는 역설이 발생하는 순간이었다. 이윽고 다음 날인 1644년 5월 27일, 산해관에서 역사적인 전투가 벌어졌다. 먼저 명의 군대와 농민 반란군이 혈투를 벌였고, 만주족은 이미 기진맥진한 양 군대의 틈을 파고들어 농민 반란군을 분쇄했다. 삽시간에 벌어진 일이었다.

그 후 만주족은 명 왕조의 부활을 돕겠다던 약속은 깡그리 무시하고 명 군대의 항복을 받아 중국의 정복자가 되었다. 청의 시대가 열린 것이다. 만주족은 이제 모든 중국 남성에게 하여금 만주족에 대한

복종의 표시로 앞머리를 면도하고(채두), 남은 머리카락은 한 줄로 뒤로 땋도록(변발) 강제했다. 이렇게 중국 남자들은 머리 모양도 정복의 대상이 되었다. 1644년부터 1912년에 이르는 만주족의 중국 지배가 여기서 막을 올렸으니 '1644년 산해관'은 3개의 집단이 벌인 건곤일척의 현장이었다.

지혜의 산물, 만리장성

만리장성은 지금까지 살펴본 허베이성 산해관을 동쪽 끝으로 해서 서쪽 끝인 간쑤성 가욕관嘉峪關까지 총 6,000킬로미터에 걸쳐 있다. 원래의 만리장성은 진시황이 흉노족의 남침을 막기 위해 기존에 존

동쪽의 산해관부터 서쪽의 가욕관까지 걸쳐 있는 만리장성은 중국을 몽골, 만주로부터 보호하는 형태를 띠고 있다. 발해에 맞닿은 산해관은 베이징의 지근거리에 위치해 있다.

재하던 성들을 연결하면서 시작되었는데, 후대 왕조에서도 장소를 달리하여 계속 건설되었다. 오늘날 관광객들이 주로 보는 만리장성은 명대에 쌓은 것이다.

인간이 만든 구조물 중 가장 크다는 평가를 받는 만리장성은 중국인들의 오랜 고민이 반영된 건축물이다. 농경민족인 한족이 주를 이루는 중국인들은 전통적으로 북방에서 쳐들어오는 유목민족들과 수시로 싸워야 했다. 그 때문에 중국인들은 어떻게 하면 유목민족의 기동성을 차단할 것인지를 놓고 고심했다. 그러한 고심의 결과 생각해낸 것이 긴 성벽이었다. 유목민족들이 중국 깊숙이에서 장기간 전투를 벌이려면 말 떼나 양 떼를 몰고 남하해야 하는데, 그들 앞에 놓인 장성은 대규모 기마병이 남하하는 것을 어렵게 만들었기 때문이다.

이렇게 해서 만리장성은 중국인들이 자신들의 안전을 지키는 안전장치가 되었다. 그 후 시간이 흐르면서 이민족과 자신들을 가르는 국경선이자 문화적 경계선이 되었다.

새옹지마 만리장성

만리장성과 관련해 흥미로운 것은 이 성벽이 늘 제 역할을 하지는 않았다는 점이다. 산해관의 사례에서 보듯이 만리장성은 대륙의 열쇠를 이민족에게 넘기는 무대가 되기도 했다.

널리 알려진 대로 만리장성은 중국이 자신들의 영토를 수호하려고 한 집념의 상징이다. 그렇지만 만리장성은 한 가지 역설을 가지고 있다. 바로 만리장성이 뚫린 후 오히려 중국의 영토가 넓어졌다는 것이다.

실제로 중국의 영토는 청에게 정복되면서 오히려 더 넓어졌다. 학계에 따르면 중국의 영토는 명 중기인 1450년에는 650만 제곱킬로미터였는데 청의 건륭제 때인 1759년에는 1,300만 제곱킬로미터로 늘었다. 이는 청대에 이뤄진 100여 년간의 영토 확장 전쟁 덕분이었는데, 이때 중국의 영토는 티베트, 신강, 몽골, 청해까지 포괄했다.

현대의 중국 영토는 청대보다는 약간 줄어 최종적으로 960만 제곱킬로미터가 되었다. 이 넓이는 남한의 약 97배다. 그리고 청대의 역사가 없었다면 불가능했을 넓이다. 북방 민족의 차단에 실패한 결과는 오히려 중국인들의 무대를 확장해주었다. 이것이야말로 만리장성의 역설이 아닐까? 새옹지마라는 고사가 생각난다. 변방으로 달아난 말 때문에 낙심했는데, 조금 있으니 그 말이 짝까지 데리고 돌아오더라는 이야기 말이다.

민초들의 만리장성, 맹강녀 설화

앞서 산해관 이야기는 국가나 민족처럼 커다란 집단의 시각에서 만리장성을 본 것이었다. 그런데 만리장성은 백성 한 사람 한 사람의 노력의 산물이기도 하다. 역대 왕조에 걸쳐 축조되었던 만큼 장성에는 수대에 걸친 민초의 땀과 눈물이 배어 있다. 이를 잘 보여주는 중국의 민담이 맹강녀孟姜女 이야기다.

맹강녀의 전설은 진시황 때를 배경으로 한다. 당시에는 수많은 백성이 나라의 명에 따라 만리장성 축조에 동원되었다. 맹강녀의 남편인 범기량도 그중 하나였다. 범기량은 고향인 산둥성을 떠나 북방에서 성 쌓기 노역에 종사했다. 그런데 그는 많은 백성이 그러했듯이, 노역에 지쳐 만리장성 축조 현장에서 죽었다.

이러한 사실을 알 리 없는 고향의 맹강녀는 겨울이 오는데도 남편의 기별이 없자 방한복을 전달하려고 먼 길을 떠났다. 그녀는 천신만고 끝에 장성에 도착하지만 그녀를 반겨줄 사람은 아무도 없었다. 남편은 이미 죽었다고만 할 뿐, 그 흔적조차 찾을 수 없었다. 주인 없는 방한복을 부여잡고 공사장에서 통곡하는 그녀를 보며 눈물을 흘

맹강녀 이야기를 담고 있는 한 잡지의 표지.

리지 않는 사람들이 없었다. 맹강녀는 결국 슬픔을 이기지 못하고 성벽에서 몸을 던져 목숨을 끊었다. 그때 만리장성의 한 축이 무너져 내렸다.

이와 같은 맹강녀 이야기는 시대별로 여러 유형이 존재하지만 중심 줄거리는 비슷하다. 현대와 같은 건설기계가 없었던 시절, 농민들과 병사들, 또는 노예들의 노동력을 바탕으로 쌓았을 그 성벽에는 맹강녀 설화와 같은 사연이 무수히 있었을 것이다. 브리태니커 백과사전에 따르면 실제로 만리장성의 공사 과정에서 많은 사람이 노동과 굶주림, 그리고 추위에 지쳐 죽어갔다. 만리장성의 별명이 '세상에서 가장 긴 공동묘지(The longest graveyard on Earth)'라는 것도 맹강녀 이야기를 들으면 조금은 이해가 간다.

중국 여권의 외형
- - - - - - - - - - - - -

중국은 여권을 호조護照라고 부른다. 중국 본토는 물론 홍콩, 마카오, 대만에 이르기까지 중화권은 모두 호조를 쓰고 있다. 그리고 중국 여권의 표지는 적갈색이다. 얼핏 보면 유럽 국가들의 붉은 색깔과 비슷하지만 약간 더 어두운 색채다.

이제 표지를 넘겨 중국 여권의 내부를 펼쳐보자. 이미지들이 상당히 다채로운 것을 알 수 있다. 예전 중국 여권의 사증 면은 모두 한 가지 디자인이었는 데 비해, 현 여권은 페이지마다 배경 사진이 다르다. 이러한 사진들은 두 종류로 나뉜다. 육안으로 보이는 일반적인 이미

지와, 자외선에서만 보이는 이미지가 있기 때문이다.

예컨대 산둥성에 할당된 페이지를 보면 산둥성에 위치한 태산泰山을 소재로 하고 있는데 육안으로 보이는 이미지는 태산의 십팔반十八盤이다. 반면 자외선 램프를 비출 때 나타나는 이미지는 태산의 오악독존五嶽獨尊 입석이다.

태산은 높이가 1,532미터로 1,950미터인 한라산보다 약간 낮지만 경사는 매우 가파르다. 특히 십팔반 구간은 진시황이 태산에 오를 때 그의 가마가 18번 멈췄다고 할 정도다. 그리고 오악독존 입석은 중국의 명산 5개 중 태산이 제일이라는 말이 새겨진 암석이다.

중국 여권 26페이지를 맨눈으로 볼 때 이미지(왼쪽)와 같은 페이지를 자외선 램프에 비췄을 때 보이는 이미지(오른쪽)이다. 맨눈으로는 태산의 십팔반이, 자외선에 비추면 태산의 입석이 보인다.(출처: 위키피디아Wikipedia)

태산을 오르는 길 십팔반(왼쪽)과 태산에 서 있는 입석의 실제 모습(오른쪽).

여권에 담긴 이미지들

그렇다면 중국 여권의 내부는 어떻게 구성되어 있을까? 가장 큰 특징은 각 행정구역의 명승지가 사증 면에 하나씩 실려 있다는 점이다.

중국의 행정구역은 22개의 성, 5개의 소수민족 자치구, 4개의 직할시, 2개의 특별행정구로 구성되어 있다. 단위로 하면 총 33개다. 이 33개 명소에 전국적 명소를 추가해 최종적으로는 37곳의 명소가 여권에서 다뤄지고 있다. 미국과 영국 여권이 각각 13개 소재를 다루는 것에 비하면 확실히 많은 숫자다.

여권 안의 만리장성

중국 여권의 표지 안쪽은 만리장성 중 팔달령八達嶺 구간을 배경으로 하고 있다. 이 구간은 장성의 역동적인 모습이 가장 잘 드러나며, 보존 상태도 가장 양호하다고 한다. 또한 이곳은 베이징에서 60킬로미터 북쪽에 있어 접근이 쉬운 데다 산등성이로 연결된 성곽의 모습이 용의 형상이라 해서 관광객들에게 인기가 높다.

전통적으로 중국의 상징으로는 장성(만리장성), 장강(양쯔강), 태산 등이 거론되어왔지만 중국 여권은 그중 장성을 중요하게 다루고 있다. 여권 12페이지에는 만리장성 산해관山海關이 담겨 있다.

산해관은 그 명칭이 말해주듯이 내륙의 산과 바다를 잇는 지역에 위치한 관문이다. 산해관은 그 특별한 전략적 지위 때문에 천하제일

여권의 표지 안쪽 면을 장식하는 만리장성 팔달령 구간.

여권 12페이지에 나오는 산해관.

관天下第一關이라는 명칭도 갖고 있다. 여권에서는 산해관에 걸린 천
하제일관 현판이 보일 것 같은 착각이 든다.

그 밖에도 중국 여권에는 천안문, 서호, 장가계, 병마용갱처럼 우리
에게 익숙한 곳도 있지만 도강언이나 칭짱 철도처럼 상대적으로 생
소한 곳도 있다. 그러나 전체적으로 보면 유네스코 세계유산으로 지
정된 곳들이 여권에 많이 올라 있다. 참고로 2018년 7월 10일 기준,
세계에서 유네스코 세계유산이 가장 많은 나라는 이탈리아(54개)이고
그다음은 중국(53개)이다. 한국은 13개다.

중국 여권과 홍콩, 마카오 여권

중국 여권 내부에는 홍콩과 마카오 페이지도 있다. 그런데 중국은 자
국 여권에서 홍콩과 마카오를 한 페이지씩 다루는 것과는 별개로 자
체적인 여권을 발행하도록 하고 있다. 이는 홍콩과 마카오가 중국과
각각 유지하고 있는 '일국양제'에 따른 결과다.

홍콩은 1997년 7월 영국에서 중국으로 반환되어 중국 홍콩특별행
정구HKSAR가 되었다. 반환 조약에 따라 50년간 일국양제가 적용된
다. 중국이 외교와 국방을 관할하고, 그 외 제도는 기존의 홍콩식으
로 2047년까지 유지된다. 마카오도 마찬가지다. 1999년 마카오는 포
르투갈에서 중국으로 반환되었고 2049년까지 일국양제가 보장된다.
이러한 홍콩과 마카오의 개별 여권은 각각 2047년, 2049년까지 볼
수 있다.

홍콩 여권(왼쪽)과 마카오 여권(오른쪽) 표지.(출처: Passport Index)

중국의 과거, 현재, 미래

중국에는 두 개의 큰 하천이 흐른다. 하나는 양쯔강, 다른 하나는 황하다. 이 두 개의 강은 중국이 서고동저西高東低의 형태이므로 동쪽으로 대륙을 가로지른다. 마치 커다란 용이 꿈틀대는 것을 연상시키는 두 강은 그 유역을 중심으로 대규모 평야 지대를 만들었고, 그 땅은 세계 최대의 인구를 부양하는 무대가 되었다.

그러나 이처럼 고마운 하천들이 늘 중국인들에게 젖줄 역할만 했던 것은 아니다. 홍수로 강물이 범람하기라도 하면 하천들은 마치 역린을 다친 용처럼 사람들을 해쳤다. 이러한 환경에서 중국인들은 집

양쯔강의 지류인 황포강 변에 자리 잡은 마천루들. 중국 여권 18페이지의 배경이다.(출처: Andy Jarrige)

단적으로 노동력을 결집해야 했다. 그래야만 강물을 원래의 물길대로 흘러가게 할 수 있었고 그 물을 농경에 활용할 수 있었다.

한편, 중국이 발전시킨 집단주의는 집에서는 가장의 권위를 절대시하고, 국가에서는 군주의 권위를 절대시하는 역사를 만들었다. 그런 전통 때문인지 중국 역사에서는 '다른 목소리'를 가진 사람들이 곧잘 위험에 처하곤 했다. 진의 분서갱유, 청의 문자의 옥, 그리고 현대의 문화대혁명 등은 모두 그런 사례일 것이다. 앞으로 이러한 집단주의 전통이 중국에서 어떻게 유지될지, 또 어떻게 변화해갈지는 알 수 없다. 상류에서 하류의 물길을 예측할 수 없듯이 말이다.

오늘날 중국은 세계 인구의 5분의 1이 사는 나라다. 지리적으로도 유라시아 대륙에서 중요한 위치를 점한다. 그리고 1978년 개혁개방을 선택한 이후로는 엄청난 속도로 경제를 발전시키고 있다. '세계의 공장', '세계의 시장' 등 중국을 부르는 이름도 많다. 중국의 미래에 세계인의 관심이 갈 수밖에 없는 상황이다.

한편 중국은 아시아의 중요한 일원이기도 하다. 그간 아시아에서는 다른 대륙과 달리 협력의 무대가 펼쳐지지 못했다. 그러나 앞으로도 그리리라는 법은 없다. 미래의 중국이 어떤 모습일지, 아시아가 어떤 모습일지는 미지수다.

손글씨여 안녕: 기계판독여권

여권은 발전을 계속했다. 특히 괄목할 변화는 1980년에 이뤄졌다. 그사이 국제사회에서는 국제연맹이 소멸하고 국제연합이 여권에 대한 바통을 이어받았다. 특히 국제연합의 국제민간항공기구ICAO는 지금 말할 변화를 주도하는 기관이다.

1980년에 일어난 변화 중 가장 극적인 것은 기계판독여권Machine Readable Passport의 등장이었다. 여기서 기계판독이란 여권에 적힌 정보를 컴퓨터 기계를 통해서도 읽는다는 말이다.

기계판독여권이 등장하기 전에는 공무원들이 여권을 발급할 때 항목별로 손글씨를 써서 정보를 기입해야 했다. 사정이 좀 더 좋은 국가라면 타자기로 찍어 기입하는 정도였다. 그러나 이젠 이런 방식을 탈피할 수 있게 되었다. 그 외에도 기계판독여권은 여권을 기계적으로 판독할 수 있도록 지면의 일정 공간에 기계판독 전용 공간을 신설했다. 인적사항과 관련한 모든 항목을 일정한 위치에 배열하고 글꼴을 통일한 것도 큰 변화였다.

물론 이와 같은 기계판독여권이 1980년에 모든 국가에서 즉시 발급된 것은 아니다. 기계판독여권으로 이행하는 데는 시간이 필요했고, 모든 나라가 기계판독여권의 기준을 맞추게 된 것은 2015년 11월 25일이다. 이제 극히 예외적인 경우를 제외하면 손글씨로 쓰인 여권은 지구상에서 사라졌다. 점진적으로 진행된 변화였지만, 여권의 역사에서 획기적 발전이었다.

기계판독여권은 여권에 인쇄된 글꼴도 통일했다. 글꼴은 왜 중요할까? 우선 더 빠르다. 이를테면 'LION'이란 글자가 여권에 인쇄되어 있다고 해보자. 우리는 분명 '사자'라는 의미로 읽었지만, 어쩌면 'L10N'처럼 영문과 숫자가 조합

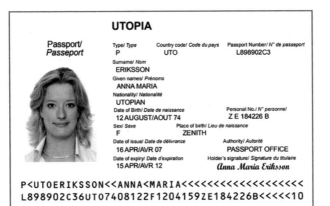

기계판독여권의 견본. 동일한 글꼴의 숫자, 로마자, 화살괄호로 통일되었다.(출처: 국제민간항공기구)

된 여권 번호일 수도 있다. 각국이 저마다 다른 글꼴을 쓰던 시대에는 이런 일이 전혀 허무맹랑한 것이 아니었다. 여권에 기계판독구역이 신설되고, 그 구역에서 쓰이는 글꼴이 통일되면서 이런 혼란은 생기지 않는다.

기계판독여권이 등장하면서, 난필의 손글씨를 읽느라 고민할 필요도 없어졌다. 앞서 보았던 것처럼 형태가 비슷한 숫자와 문자를 혼동할 일도 사라졌다. 숫자 0과 문자 O, 숫자 1과 문자 l, 숫자 2와 문자 Z 같은 경우는 대표적으로 혼동하기 쉬운 경우인데, 이제 그런 고민이 사라졌다. 여권에서 세계적인 '도량형 통일'이 이뤄진 것이다.

0123456789
ABCDEFGHI
JKLMNOPQR
STUVWXYZ <

기계판독여권의 인적 사항 면에서 세계 공통으로 쓰는 글꼴.(출처: 국제민간항공기구)

기계판독여권은 인적 사항 면의 배치를 통일시키는 성과
도 이뤘다. 현대의 여권들은 모두 지금 보는 틀을 기준으로
삼고 있다. 특히 인물 사진의 아랫 부분을 보면 화살괄호가
많이 있는 두 줄이 보인다. 이 부분이 기계판독부위이고 기
계판독여권의 핵심 부분이다.

07

영국

GBR

계속되는 혁신의 이야기

영국 여왕, 낙하산 타고 올림픽 입장?

헨델의 〈시바 여왕의 도착〉이 흐르는 가운데 검은색 택시가 버킹엄 궁전으로 들어온다. 그 옛날 시바 여왕은 낙타를 타고 솔로몬 왕에게 왔다지만, 이번 방문자는 성별도 바뀌었고 교통수단도 바뀌었다. 택시에서 내린 건장한 남자는 날렵하게 계단을 올라 여왕의 방으로 안내된다. 여왕이 인사를 던진다.

"굿 이브닝, 미스터 본드."

영화 007 시리즈의 제임스 본드다. 그의 오늘 임무는 여왕을 런던 올림픽 개막식장까지 수행하는 일이다. 궁전 앞에는 벌써 헬리콥터가 대기 중이다. 여왕은 애완견들의 환송을 받으며 본드와 함께 헬리콥터에 오른다. 두 사람을 태운 헬리콥터는 트래펄가 광장을 지나고, 국회의사당 상공을 날아간다. 이어서 템스강 주변의 명소들을 쭉 지나간다. 런던 아이, 세인트폴 대성당, 그리고 타워 브리지까지.

엘리자베스2 세와 제임스 본드가 출연한 런던올림픽 개막식 영상 캡처 화면. 본드가 여왕을 수행하여 궁전을 출발하고 있다. 숏다리 애완견 웰시 코기 두 마리도 보인다.

　마침내 올림픽 주경기장 상공에 접근한 헬리콥터. 밑을 보니 아찔하다. 이때 헬리콥터 문이 열리고 사람이 뛰어내린다. 여왕이 먼저, 본드도 바로 뒤따른다. 영화 007 시리즈의 음악이 흐르며 상공에서 펼쳐지는 낙하산 두 개. 여왕이 탄 낙하산은 경기장을 향해 계속 하강한다. 잠시 후 경기장에서는 장내 아나운서의 안내가 시작된다. "여왕이 입장하고 계십니다."

오래되었지만 구태의연하지 않다

이 흥미로운 영상은 2012년 런던올림픽 개막식에서 상영되었다. 여왕이 낙하산을 타고 입장한 것처럼 연출한 영상이었다. 보는 사람들

It would give me great pleasure if Your Excellency and Mrs. Roh Moo-hyun would pay a State Visit to this country from Wednesday 1st December to Friday 3rd December, 2004.

Prince Philip and I would be delighted to welcome you and Mrs. Roh Moo-hyun as our guests at Buckingham Palace. We are confident that your visit will further strengthen the good relations that exist between our two countries.

I would like to take this opportunity to extend my warmest wishes for the prosperity of your country, and the health and happiness of the people of the Republic of Korea.

대통령기록관에서 직접 촬영한 엘리자베스여왕의 2004년 6월 8일자 초청장. 한국 대통령을 국빈 초청하는 내용이다. 대통령 각하(Your Excellency)로 인사를 시작해 당신의 친구(Your good friend) 엘리자베스로 끝맺고 있다. 엘리자베스 이름 뒤에 쓰인 'R'은 여왕을 뜻하는 'Regina'의 머리글자다.

은 즐거워했다. 국가원수가, 그것도 여왕이 낙하산을 타고 내려온다는 설정이 기발하지 않은가.

이날 일화는 여왕이 어떤 사람인지 생각하게 한다. 2012년 당시 여왕은 86세의 고령이었는데 이런 시나리오를 소화해냈다. 물론 점프는 전문가가 했지만 말이다. 이런 모습은 어쩌면 영국이라는 나라와 닮은 점일 것 같다. 전통이 오래된 나라이지만 여전히 새로운 모습을 보여주는 나라. 우리는 영국의 여권에서도 이러한 모습을 확인할 수 있다. 그들이 걸어온, 지금도 걷고 있는 혁신의 길이 여권에 담겨 있다.

여권에 나타난 시간의 혁신

영국 여권은 지난 500년간 영국이 내세울 만한 업적을 34개 페이지에 걸쳐 담고 있다. 그 분야는 혁신, 건축, 예술, 공연이다. 그중에서 영국 여권이 가장 강조하고 있는 건 혁신이다. 그럼 영국은 500년의 기간 중 어떠한 혁신을 가장 자랑스러워할까? 해당되는 페이지들을 훑어보자.

먼저 8, 9쪽에 H1과 H4 시계가 보인다. 이 시계는 어떤 의미가 있을까? 결론부터 말하면 이 시계들 덕분에 영국은 해양 국가로서 남다른 경쟁력을 확보할 수 있었다. 영국의 해군력은 새삼스러울 것이 없다. 1800년대 영국은 막강한 해군력에 힘입어 세계 인구의 4분의 1, 세계 지표면의 4분의 1을 지배했다. 영국 본토의 100배 넓이였다. '영국 영토에서는 해가 지지 않는다'는 말이 괜한 말이 아니었다.

그런데 여기 보이는 H1, H4는 선박의 좌표를 알 수 있게 해준 물건이다. 좌표는 주지하듯이 위도와 경도로 구성된다. 이 시계가 나오기 전에도 각국은 위도만큼은 잘 파악할 수 있었다. 수평선과 태양이 이루는 각, 또는 수평선과 별이 이루는 각을 기초로 위도를 재는 기술이 이미 발달해 있었기 때문이다. 문제는 경도를 파악할 수 없었다는 점이다. 이는 선박이 항해할 때 남북 좌표는 알았지만 동서 좌표는 알지 못했다는 이야기다. 특히 대양에서 그 문제는 심각했다. 참고할 만한 지형지물이 주변에 없었기 때문이다.

이때 이 문제를 해결한 사람이 영국의 시계 제작자 존 해리슨John

존 해리슨의 초상화가 실린 여권의 배경 그림. 그림의 맨 왼쪽에 4개의 동그라미가 있는 시계가 H1이고, 가운데에 있는 시계가 H4다. 오른쪽 존 해리슨의 뒤로는 해리슨 시계의 작동 원리가 그려져 있다. 아래의 건물은 그리니치 천문대다.(출처: 영국 왕립여권청)

Harrison, 1693~1776이다. 당대의 석학들도 해결하지 못했던 경도 문제를 시계 제작자가 해결했던 것이다. 그의 아이디어는 다음과 같다. 만약 런던에서 오전 9시에 출발한 배가 동쪽으로 3시간 항해해 어떤 섬에 도착했다고 가정하자. 그리고 도착한 섬의 현지 시간은 오후 3시였다고 치자. 그렇다면 이 섬은 런던에서 동쪽으로 얼마나 떨어진 곳인가? 다시 말해, 경도는 몇 도인가?

지구는 구이므로 런던의 경도는 360도이면서 0도다. 그런데 지구의 하루는 낮과 밤으로 구성된 24시간이다. 이는 런던과 12시간 시차가 생기는 곳은 경도가 180도라는 것이고, 1시간의 시차가 생기는 곳은 경도가 15도라는 말과 같다.

그렇다면 다시 앞에서 말한 섬은 경도 몇 도인가? 일단 런던에서 3시간을 항해했다고 했으므로 지금 런던의 시간은 낮 12시일 것이다. 한편 섬의 현지 시간은 오후 3시라고 했다. 그럼 이 섬은 런던과 시차가 3시간 생기는 곳에 위치한 곳이므로 동경 45도에 위치하고 있음을 알 수 있다. 결국 시간을 이용해 경도를 파악해낸 것이다.

그런데 여기에는 어려움이 있었다. 선원들이 런던에서 가져온 시계가 3시간이 경과했다고 과연 12시를 표시했는가 하는 문제였다. 불행히도 당시 시계들은 바다에 나오면 그러지 못했다. 추시계였기 때문이다. 추시계는 늘 일정하게 추가 왕복해야 시간이 맞는데 바다에서는 바람과 배의 출렁임 등으로 추의 왕복 속도가 제각각이었다. 그래서 시계를 이용하는 것은 생각하기 어려웠다. 그러나 해리슨의 생각은 달랐다. 그는 추 대신 용수철과 태엽을 이용한 시계를 만들었고 그 시계를 이용해 경도를 정확히 읽어냈다. 시차의 원리를 알고, 정확한 시계를 만들어내면 경도를 알 수 있다는 그의 믿음은 증명되었다.

이제 영국 선박들은 세계 어디서든 자신들의 좌표를 정확히 파악할 수 있었다. 그리고 바다에 있는 암초의 위치까지 기록에 남길 수 있었다. 당연히 영국 선박들은 선박 사고도 적었다. 영국의 탐험가이자 정치가인 월터 롤리Walter Raleigh, 1552~1618는 이런 말을 했다.

"바다를 지배하는 자가 무역을 지배하고 세계 무역을 지배하는 자가 세계의 부를 지배하며, 결국 세계 자체를 지배한다."

롤리가 강조한 것처럼 영국의 해양성이 드러나는 이미지는 여권의 마지막 페이지도 장식하고 있다. 최초로 혼자 범선으로 세계를 일주했던 영국인 프랜시스 치체스터Francis Chichester, 1901~1972의 '집시 나

영국 여권의 마지막 페이지다. 맨 위의 왼쪽에는 위도를 재는 육분의sextant, 그 아래에는 경도를 재는 H4, 그리고 맨 아래에는 바다를 헤쳐 가는 프랜시스 치체스터의 선박이 보인다. 이 배로 1966년부터 이듬해까지 단독으로 226일 동안 바다로 세계를 일주했다.

방 4호Gipsy Moth IV'의 이미지가 그것이다. 치체스터는 젊은 시절 집시 나방이라는 기종의 비행기를 조종하는 파일럿이었다. 그는 60대가 되어서 같은 이름을 자신의 요트에 붙이고 세계의 바다를 일주하는 투혼을 보여줬다. 그는 엘리자베스 2세 여왕으로부터 그 공로로 작위를 받기도 했다.

영국은 역사상 많은 섬을 발견했다. 지구의 가장 큰 섬이라고 할 만한 호주의 동쪽 해안에 처음 도달했던 유럽인도 영국인 제임스 쿡James Cook, 1728~1779이다. 쿡은 호주를 발견한 후, 다음 항해 때 해리슨 시계의 복제품 K1을 사용했다. 그는 제2차, 제3차 항해에서도 K1을 사용한 후 '나의 든든한 친구이며, 결코 틀린 적이 없는 안내자'라고 평했다고 한다.

이러한 탐험을 계기로 영국인들은 호주로 이주했고 결국 호주는 그들의 식민지가 되었다. 이런 사례는 비단 호주에만 한정되지 않는다. 영국의 배가 닿는 곳이면 영국 영토가 생겨났다. 기존에 정착한 유럽인들도 영국인들에게 밀려나기 일쑤였다. 영어가 확산되고 영국식 의회 제도가 전파되었다. 심지어 축구와 럭비 같은 영국 스포츠도 세계로 퍼져나갔다.

지금 우리가 보고 있는 H1과 H4는 영국이 바다를 지배한 요인이 어디에 있었는지 그 답의 중요한 부분을 보여준다. 해리슨은 H1을 1735년에, H4는 1761년에 개발했다. 해리슨은 자신의 과거 업적에 만족하지 않고 경도를 파악하는 시계를 개발하는 데 그의 생을 바쳤다. H4는 그가 도달한 종착점이었다.

흔히 사람들은 영국의 해군력을 이야기할 때, 스페인의 무적함대를 격퇴한 프랜시스 드레이크의 용기, 그리고 프랑스 함대를 트라팔가르 해전에서 격퇴한 호레이쇼 넬슨의 충성심을 이야기한다. 그러나 영국 여권의 이 페이지는 그 외에도 잊지 말아야 할 또 하나의 이야기를 우리에게 들려주고 있는 것이다.

여권에 나타난 정보의 혁신
- -

여권 12페이지에는 우표와 우체통이 나와 있다. 흥미롭게도 1800년대 우표는 오늘날의 인터넷에 비유할 만한 혁신이었다. 사진에는 여성의 옆모습이 그려진 네모 종이가 보이는데, 이것이 1840년에 등장한 세계 최초의 부착식 우표 '페니 블랙Penny Black'이다. 빅토리아 여왕을 모델로 한 이 우표는 1페니만 지불하면 됐고, 검은색으로 인쇄되어 있기에 페니 블랙이라 불렸다. 그럼 이 작은 물건에는 어떤 대단한 혁신이 담겨 있을까?

오늘날 우리는 일반적으로 '발신인'이 우편 요금을 부담한다. 그런데 1840년 이전에는 정반대였다. 수취인이 돈을 냈던 것이다. 이는 정보 전달의 단계에서 보면 매우 불편한 방식이었다. 집배원이 아무리 먼 길을 갔다고 한들 수취인이 돈을 못 내면 그 우편물은 그대로 돌아와야 했다. 그리고 그 요금이란 것도 우편의 무게와 운송 거리 등을 따져 최종 단계에서 결정되니 예측하기가 어려웠다. 이용자가 적을 수밖에 없는 구조였다.

이때 영국에서 혁신적 아이디어가 등장했다. 요금을 발신인이 지불하고, 지불이 완료된 증명으로 우표를 우편물에 붙이는 것이었다. 더 나아가 일정 중량 이하 우편물은 무게와 운송 거리를 따지지 않고 1페니 우표만 붙이게 했다. 이 아이디어는 대성공이었다. 그간 우편 사용을 꺼리던 서민들까지 페니 블랙을 붙이기 시작했고 다양한 유형의 우편이 오갔다. 엽서, 청구서, 초대장, 그리고 1843년에는 크리스마스카드까지 등장했다.

1853년에는 최초의 우체통도 등장했다. 자신의 집 근처에 우체통이 생기니 사람들은 더 이상 우체국까지 가서 우송을 의뢰하지 않아도 되었다. 지금 우리가 보고 있는 길쭉한 통 모양의 빨간색 우체통은 1879년 영국에 설치되었던 빅토리안 우체통이다. 이는 세계 우체통 모양의 기준이 되었다.

정보 교류는 어느 시대에나 한 사회의 발전 정도를 재는 중요한 지표다. 그런데 예나 지금이나 정보 전달에는 돈이 든다. 봉화, 파발마, 인편에서 현대의 핸드폰 통신비까지. 그래서 한 사회가 적은 비용으로 신속하고 정확하게 정보를 융통할 수 있다면 다른 사회보다 앞서 있다고 볼 수 있다.

19세기 영국은 정보 분야에서 앞서갔다. 페니 블랙과 우체통이라는 일종의 사회간접자본이 마련됨으로써 영국에서는 정보 교류의 비용이 감소했고 커뮤니케이션이 비약적으로 증가했다. 역사학자 트리스트람 헌트는 마르크스와 엥겔스가 런던과 맨체스터에서 하루 세 차례 서로에게 편지를 보낸 것이 남아 있다고 언급하면서 '거의 실시

여권 12페이지는 우체통(왼쪽)과 페니 블랙 우표(오른쪽)를 보여준다. 한편, 이미지 상단 중앙부에 희뿌연 부분이 나타나는 것은 워터마크로 셰익스피어의 초상화가 실려 있기 때문이다.(출처: 영국 왕립여권청)

간' 의견 교환이었다고 말했다.

한편 이러한 혁신은 의외의 분야도 발전시켰다. 연애편지가 그것이었다. 연인들은 이제 우체국에 가서 자신을 노출하면서 편지 운송을 의뢰할 필요 없이 봉함 편지에 1페니 우표만 붙여 우체통에 넣으면 그만이었다. 당시의 혁신이 오늘날 인터넷이나 스마트폰에 견줄 만한 이유다.

여권에 나타난 교통의 혁신

영국 여권 14, 15페이지는 교통 분야의 혁신으로, 증기기관을 이용한 교통수단들을 보여준다. 먼저 그림 왼쪽에는 로켓Rocket이라는 이름의 기관차가 보인다. 이 기차는 조지 스티븐슨George Stephenson, 1781~1848이 발명한 증기기관차다. 로켓은 1829년 스티븐슨이 아들과 함께 디자인했는데 최초의 현대식 증기기관차라고 알려져 있다.

로켓이 등장했을 당시, 영국인들의 반응은 대단했다. 요금은 마차보다 싼 반면, 속도와 운행의 정확도는 마차를 압도했기 때문이다. 마차는 가장 건강한 말이 끌어도 시속 18킬로미터가 최대였지만, 로켓은 시속 50킬로미터까지 달렸다. 게다가 쉬거나 자거나 교대할 필요도 없었다. 오직 석탄과 물만 공급해주면 계속 달리는 철마鐵馬였다.

이렇게 등장한 로켓은 영국 사회에 큰 변화를 가져왔다. 철로가 깔리자 사람과 화물의 이동이 크게 늘고 경제적인 변화도 뒤따랐다. 상품의 판로가 그만큼 확장되었던 것이다. 그리고 원료를 구해 오는 것

여권 14,15페이지에는 증기기관을 이용한 교통수단들이 실려 있다. 증기기관차 로켓(왼쪽)과, 증기선 그레이트 브리튼호(오른쪽)의 모습.(출처: 영국 왕립여권청)

도 훨씬 쉽고 저렴해졌다. 그렇게 되자 상품에 대한 수요는 증가하고 생산 비용은 감소했다. 결국 철도의 발전은 산업의 팽창으로 연결되었다. 우리는 영국이 19세기에 '세계의 공장'이 될 수 있었던 한 요인을 로켓에서 확인하고 있다.

그림의 오른쪽에는 선박 그레이트브리튼호SS Great Britain가 보인다. 이는 증기기관이 선박과 결합된 경우다. 이 선박은 1843년 진수되어 40년간 승객 수송에 쓰였다. 앞의 로켓이 마차를 대체했다면 이 선박은 범선을 대체했다. 그레이트브리튼호는 증기기관이라는 강력한 동력으로 프로펠러를 돌려 대양을 횡단했다. 이 배는 철선으로는 최초로 대서양을 횡단했다. 승무원과 승객을 합치면 약 500명의 인원을 태웠다고 하니, 요즘 보잉 747 항공기와 비슷한 정도로 대규모 인원을 운송했던 셈이다.

이 선박으로 대서양을 횡단하는 데는 14일이 소요되었는데 요금은 지금으로 환산하면 3,000파운드, 한화로 450만 원 정도였다. 이 선박은 통산 16,000명의 영국인 이민자를 호주로 실어 나르기도 했으니 호주와도 인연이 깊은 선박이다.

영국 여권은 도심 교통에서 일어난 혁신도 보여준다. 그림은 런던 지하철 '언더그라운드Underground'의 표지판과 기관차다. 런던은 오늘날 인구 867만 명이 사는 대도시로서 2018년 기준으로 유럽에서 가장 큰 도시이지만, 산업혁명이 한창이던 1800년대에는 전 세계에서 가장 큰 도시였다. 그런 만큼 도시의 교통 문제도 먼저 겪을 수밖에 없었다. 인구는 급증하고 도로로 쓸 땅은 부족한 상태에서 그들이 찾아낸 방법은 무엇이었을까?

그들은 지상을 보던 시선을 수직으로 이동시켰다. 버스를 2층으로 만들었다. 그리고 도로의 지하에도 눈길을 돌렸다. 세계 최초의 지하

여권 18, 19 페이지는 런던 지하철 '언더그라운드'를 배경 그림으로 쓰고 있다.(출처: 영국 왕립여권청)

철 언더그라운드는 그렇게 탄생하였다. 1863년 영국에서는 지하철 시대가 열렸다. 증기기관차는 실린더 모양의 지하 통로를 달렸다.

오늘날 런던 지하철은 한 해 약 10억 명이 이용한다고 한다. 땅속으로 기차를 집어넣겠다던 그야말로 혁신적인 사고가 있었기에 가능한 현실이다.

영국의 혁신은 과거형? 현재 진행형?

이제까지 우리는 영국이 거쳐온 혁신의 역사를 보았다. 그런데 혁신은 무뎌지기가 쉽다. 혁신의 옆에는 늘 관성이 도사리고 있기 때문이다. 오늘 아침의 혁신이 오후가 되면 관성을 갖게 되고, 내일이면 변화의 걸림돌이 되곤 한다. 영국도 마찬가지였다. 영국은 증기기관에서는 앞서갔지만, 석유를 이용한 내연기관에서는 독일과 미국에 뒤처졌다. 또 가로등이 어느 나라보다 일찍 등장했음에도 가스등을 고수하는 바람에 전기 가로등의 등장이 늦춰지기도 했다.

영국은 이러한 역설을 직접 경험했던 나라다. 그래서인지 오늘날 영국은 지속적인 혁신에 각별한 관심을 보인다. 여권의 한 페이지에 소개된 최신 기계가 이를 잘 보여준다. 놀이공원 대관람차 같기도 하고 프로펠러 같기도 한 기계다. 이 기계는 스코틀랜드 지역을 대표해 영국 여권에 올라 있는 명물이다. 바로 스코틀랜드의 중부 폴커크시에 있는 선박용 승강기다. 그 외형이 바퀴 모양이라 폴커크 휠Falkirk Wheel이라고 불린다.

폴커크 휠은 간단한 질문에서 탄생했다. 고도가 다른 두 개의 하천이 있을 때 어떻게 하면 하부 하천에 떠 있는 선박을 상부 하천으로 옮기는가 하는 것이었다. 기존에는 구간마다 갑문에 물을 채워 선박을 끌어 올리거나, 기중기나 선박 도크 같은 기계를 이용해 선박을 위로 올리는 방식이 주로 쓰였다. 그런데 영국은 2002년 폴커크 휠이라는 새로운 방법을 고안해냈다.

그 원리는 다음과 같다. 일단 하부 하천을 운항하던 선박이 폴커크 휠에 도달하면 휠의 일부인 곤돌라 안으로 들어간다. 마치 놀이공원에서 어린이가 대관람차의 곤돌라 안으로 들어가는 것과 같은 원리다. 그래서 선박이 곤돌라 안에 완전히 들어가면 곤돌라의 문이 닫히고 휠은 곤돌라를 상승시킨다. 이윽고 휠이 곤돌라를 상부 하천의 높

폴커크 휠의 실제 모습이다. 선박을 24미터 위로 끌어 올린다. 여권 32페이지에도 실려 있다.(출처: Cameron Lyall)

이만큼 상승시키면 곤돌라의 한쪽 문이 열리면서 선박은 곤돌라에서 빠져나온다. 24미터 높이의 고도 이동을 이룬 것이다.

이러한 이동은 상향, 하향 모두 가능하다. 놀라운 건 이런 방식으로 선박 하나를 이동시키는 데 사용되는 에너지가 가정용 전기 주전자 8개에 물을 끓이는 정도라는 것이다. 상당히 효율적인 방식이다. 우리가 지금 보고 있는 폴커크 휠은 하나의 작은 예지만, 영국이 여전히 혁신에 힘쓰고 있음을 알려준다.

영국 여권에 실린 인물들과 논란

영국 여권에는 앞서 살펴본 존 해리슨을 비롯해 여러 인물들의 얼굴이 실려 있다. 극작가 윌리엄 셰익스피어, 화가 존 콘스터블, 수학자 찰스 배비지와 에이다 러브레이스, 건축가 자일즈 길버트 스코트와 엘리자베스 스코트가 그들이다.

그런데 대부분 인물이 남성이다 보니 비판도 있다. 초상화가 직접 실린 것은 아니지만, 자신들의 작품이 실린 조각가 안토니 곰리, 아니쉬 카푸어 역시 남성이다. 그래서 여권이 처음 공개되었을 때, 영국 신문 〈텔레크래프〉는 왜 이렇게 여성이 적냐고 비판했고, 또 다른 신문은 여류 작가 제인 오스틴이나 버지니아 울프는 왜 빠졌느냐고 질문했다. 이처럼 여권에 올리는 인물에 사람들의 관심이 집중되는 건 어느 나라나 마찬가지인 것 같다.

영국의 국가 문장

영국 여권의 표지를 보면 중앙에 국가 문장이 있다. 가운데에 방패가 있고 방패 위에는 왕관, 방패 좌우로는 사자와 유니콘이 있다. 그리고 그 아래에 문구가 쓰여 있다. 이러한 도안은 국가 문장의 전형적인 배치를 보여준다.

국가 문장을 부분별로 보면, 먼저 왕관은 영국이 군주제 국가임을 뜻한다. 영국은 청교도 혁명 시기에 공화국이었던 1649~1660년을 제외하고는 군주제를 유지하고 있다. 그리고 왼쪽에 왕관을 쓴 사자는 잉글랜드를, 오른쪽에 쇠사슬로 묶인 유니콘은 스코틀랜드를 상징한다. 영국을 이루는 또 하나의 지역인 북아일랜드는 방패 안에 하프로 표시되어 있다.

이처럼 영국 왕관은 국가 문장에서 엄숙한 상징으로 쓰이지만 좀 더 편안하게 사용되는 곳도 있다. 'Keep Calm and Carry On'이라고 쓰인 포스터가 그것이다. 보통 '평정심을 유지하고 하던 일을 계속해나가라'는 뜻으로 해석되는 문구인데, 그 문구 위에는 영국 왕관이 있다.

원래 이 포스터는 제2차 세계대전 때 영국 정부가 제작한 포스터라고 한다. 독일 공군의 공습에도 불구하고 런던 시민들에게 흔들리지 말도록 격려하기 위해 만들었던 것이다. 이렇게 탄생한 'Keep Calm' 문구는 오늘날 뒷부분을 바꾸어 여러 곳에서 패러디되고 있다. 학생들을 대상으로 하는 문구 중에는 'Keep calm and do math(동

왼쪽은 영국 여권의 표지.(출처: passportindex.org) 오른쪽은 영국 국왕의 왕관을 디자인에 이용한 포스터. 오늘날 사람들이 다양한 문구로 패러디한다.

요하지 말고 수학을 풀어라)', 'Keep calm and do your homework(동요하지 말고 숙제를 해라)' 등이 보인다. 항상 동요하고 싶고, 동요할 준비가 되어 있는 학생들에게 조금 유감스러울 수 있는 문구다.

브렉시트가 영국 여권에까지 영향을 미치다

영국은 2015년에 디자인을 쇄신한 현 여권을 도입했다. 그런데 이듬해 6월 23일, 영국에서는 당황스러운 일이 벌어졌다. 영국 국민들이 국민투표에서 유럽연합 탈퇴를 결정해버린 것이다. 그 후 2017년 영국 정부는 영국 여권도 유럽연합 표준형에서 탈퇴하겠다고 결정했다. 현행 여권이 유럽연합 표준 디자인을 따르고 있기 때문이었다. 일부에서는 새 여권이 나온 지 얼마 안 되었기 때문에 탄식이 나왔다.

영국은 전통적으로 여권 표지에 네이비블루색을 써왔다. 1921년부터 1988년에 이르기까지 파란색 표지를 고수했던 것이다. 그런데 유럽연합에 가입한 뒤로는 유럽연합 표준을 따랐다. 바탕은 버건디색, 맨 위에는 유럽연합이라는 단어가 새겨진 유럽연합 표준형이었다. 하지만 이제 영국은 유럽연합에 탈퇴를 통보했고 그 절차를 밟고 있다. 2019년 3월 30일부터 영국은 유럽연합 비회원국이 된다. 그리고 2019년 10월부터는 여권도 비회원국 지위에 맞춰 고유의 색으로 발급될 예정이다.

영국의 미래는 어떤 모습일까?

영국은 유럽의 한 나라이면서 섬나라다. 그래서인지 절반은 유럽, 절반은 섬나라가 그들의 정체성이다. 영국은 유럽연합 탈퇴를 결정하기 전에도 유럽에 절반만 발을 담가왔다. 그들은 유럽 단일 통화인 유로화를 쓰지 않았고, 유럽의 역내 자유 이동을 보장하는 쉥겐협약도 채택하지 않았다.

2018년 8월 현재 유럽연합의 28개 회원국 중 유로화를 쓰는 회원국, 즉 유로존 국가는 19개국, 비유로존 국가는 영국을 비롯한 9개국이다. 한편 유럽연합 국가 중 쉥겐협약에 가입하지 않은 회원국은 영국과 아일랜드 두 나라뿐이다. 이런 상황에서 영국은 2016년에 이

유대마저 끊어버리기로 결정했다. 이제 영국의 이러한 결정이 어떤 결과로 연결될지 궁금하다.

한편 영국 여권은 그들의 과거와 현재를 잘 보여주고 있다. 영국의 과거는 혁신의 세월이었다. 그리고 그 덕분에 영국은 세계 제국이 될 수 있었다. 물론 혁신만이 그 요인은 아닐 것이다. 인도를 비롯한 식민지를 통해 엄청난 부를 축적했고 노예 무역과 아편 무역에도 앞장섰기 때문이다. 1807년 노예 무역을 철폐하기 전까지 영국은 350만 명의 아프리카인을 미주 대륙으로 이주시켰다. 이 수치는 대서양을 건너간 전체 노예의 3분의 1에 달한다.

그러나 이러한 그늘에도 불구하고 그들이 보여준 혁신의 전통을 무시할 수는 없을 것이다. 그들의 전통은 옛날의 것을 그대로 지키는 수구의 전통이 아니다. 우리가 그들의 여권에서도 확인했듯이, 인류의 생활을 새롭게 바꾸는 혁신의 전통이다. 지금도 영국은 그러한 혁신의 의미를 잊지 않고 있는 것 같다. 영국의 과거만큼이나 그들의 미래도 주목되는 이유다.

여권의 색깔에도 이유가 있을까

우리나라 여권은 일반여권의 경우 녹색 표지를 쓰고 있다. 그 외에 관용여권은 황갈색, 외교여권은 남색을 쓴다. 그런데 일반여권이 가장 많이 쓰이는 여권이다 보니 '한국 여권은 녹색'이라는 이미지로 외부에 각인되어 있다.

세계적으로 여권 색깔은 정말 다양하다. 그런데 이렇게 다양한 색깔들도 크게 네 가지로 추릴 수 있다. 녹색, 빨간색, 파란색, 검은색이 그것이다.

먼저 우리나라도 쓰고 있는 녹색은 이슬람 계열과 아프리카 국가들이 주로 쓴다. 물론 이슬람 국가이지만 녹색이 아닌 빨간색 계열을 쓰는 말레이시아 같은 경우도 있다. 아시아에서 우리처럼 녹색 여권을 쓰는 곳은 베트남과 대만이다. 특히 대만 여권은 멀리서 보면 한국 여권과 꽤 흡사하다. 비슷한 녹색 표지인 데다가 표지 위에 우리나라처럼 네 글자(중화민국)가 있어서 닮아 보이기 때문이다.

빨간색 표지는 유럽 국가들이 많이 쓴다. 이는 유럽연합의 결정에 따른 것이다. 유럽연합의 전신인 유럽공동체EC는 1981년 유럽 각국이 여권 표지에 동일한 색을 쓰도록 결의했다. 회원국 국민들이 하나의 공동체라는 연대감을 갖도록 색깔도 통합했던 것이다. 그에 따라 현재 대부분의 유럽 국가는 빨간색 계열의 색깔인 버건디색을 쓰고 있다. 물론 중국과 일본처럼 유럽 국가가 아닌 국가들 중에도 빨간색 표지를 쓰는 경우가 있다.

파란색 여권 표지는 북미와 남미에서 주로 나타난다. 미국, 캐나다, 브라질, 아르헨티나가 모두 파란색 계열을 쓰고 있다. 미국의 경우 그 전에는 녹색 여권을 썼지만 1976년부터는 파란색 계열의 남색 표지를 쓰고 있다. 독립 200주년을 맞아 여권 표지 색깔을 국기의 파란색과 일치시키면서부터다. 검은색 표지는 인도(어두운 파란색), 멕시코, 뉴질랜드, 그리고 일부 아프리카 국가에서 쓰고 있다.

국가들이 여권을 만들 때 그 규격은 국제민간항공기구 ICAO의 국제규격을 따라야 하지만, 여권 표지 색은 각국의 재량이다. 앞으로도 여권 색깔은 다양함을 잃지 않을 것이다.

08

프랑스

FRA

프랑스의 오랜 연인, 마리안

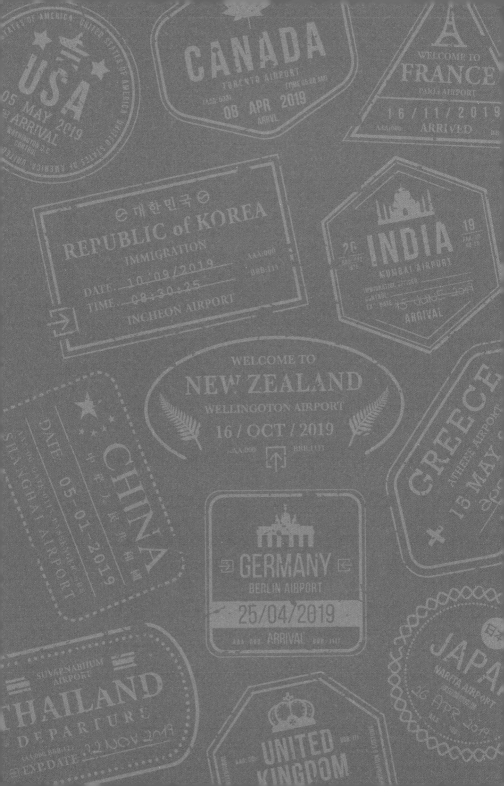

프랑스의 상징, 프랑스의 연인

프랑스는 상징이 많다. 자유·평등·박애라는 표어와 파랑, 하양, 빨강의 삼색기, 국가國歌인 〈라 마르세예즈〉, 백합 문양, 수탉까지 모두 프랑스의 상징이다. 그런데 그들은 또 하나의 강력한 상징을 두고 있다. 마리안Marianne이라는 가상의 인물이다. 가상 인물이 국가를 상징하는 경우는 미국의 엉클 샘Uncle Sam이나 영국의 존 불John Bull에서도 보인다. 하지만 프랑스의 마리안은 조금 다르다. 그녀는 지금도 프랑스 정부의 홈페이지에 그 모습이 나타나 있다. 프랑스 여권을 비롯한 다양한 매체에서도 보인다.

흔히 프랑스를 대표하는 여성으로 잔 다르크Jeanne d'Arc, 1412~1431를 떠올린다. 10대의 나이에 조국을 구하고 자신은 영국 군대에 체포되어 화형당한 소녀 잔 다르크. 그런데 현대의 프랑스가 프랑스의 상징으로 삼고 있는 건 마리안이다. 그녀는 잔 다르크 시대보다 훨

백합 또는 붓꽃으로도 번역되는 문양으로서 프랑스가 왕정이던 시절 사용하던 국가 상징이다. 옛날 상징이긴 하지만 지금도 자주 보인다.

씬 후대에 등장했다. 구체적으로는 프랑스 제1공화국 때다. 지금까지 200년 넘게 프랑스의 상징이 되고 있으니 프랑스의 늙지 않는 연인인 셈이다.

다음 페이지 왼쪽에 있는 그림이 마리안을 보여준다. 그림을 자세히 보면 삼색기는 프랑스를, 마리안은 프랑스인을 상징하고 있다. 그림에 써 있는 문구는 '프랑스를 위한 자유, 프랑스 국민을 위한 자유'이다. 그 오른쪽의 이미지는 유로화 동전에 실린 마리안의 모습이다. 유로화 동전은 앞면에 유럽 공통의 디자인을, 뒷면에 회원국의 자율 디자인을 새기도록 하고 있다. 프랑스의 경우 10, 20, 50센트 뒷면에 마리안을 활용하고 있다.

마리안을 표현한 그림(왼쪽)과 마리안을 표현한 유로화 동전(오른쪽).(출처: 유럽중앙은행 홈페이지)

마리안이 탄생한 것은 1789년부터 1799년까지 프랑스 대혁명 때다. 1792년 당시 프랑스 혁명 정부는 다음과 같이 선포하였다.

'국가의 상징을 바꾼다. 새로운 상징은 여성의 모습으로 한다. 그 여성은 고대의 의상을 입고 반듯하게 선 형태를 취한다. 그녀는 프리지아 모자 또는 자유의 모자가 씌워진 창 자루를 오른손에 쥐고, 왼손에는 여러 묶음의 무기를 든 모습을 한다.'

이렇게 그녀의 존재가 정해지고 시간이 흐르면서 그녀의 이름도 만들어졌다. 프랑스 혁명이 갖는 대중성을 살리는 이름이었다. 가톨

프리지아 모자가 보이는 아르헨티나 여권. 프리지아 모자는 다른 나라에서도 자유를 상징한다. 유럽에서 독립한 남미의 몇몇 나라가 그 예다. 사진의 중앙에 잉카 문명의 태양신 인티 Inti의 햇살이 퍼지고 그 아래 프리지아 모자가 창자루 위에 씌워진 형태로 표현되어 있다. 이 국가 문장은 아르헨티나가 독립을 선포하는 순간 부에노스아이레스 상공에서 태양이 구름 밖으로 모습을 드러냈다는 이야기를 배경으로 한다.[출처: passportindex.org]

릭이 강한 프랑스에서 당시 가장 흔한 여성의 이름은 마리아Marie와 안느Anne였다. 마리아는 예수의 모친, 안느는 마리아의 모친 이름이었다. 그래서 그녀의 이름은 가장 대중적인 이름 둘을 결합한 마리안이 된다.

한편 그녀의 외모는 대략적인 특징만 정해져 있었기 때문에 실제 구현되는 모습이 제각각이었다. 화가와 조각가마다 달랐고, 시대별로도 강조하는 모습이 달랐다. 그럼에도 불구하고 비교적 일관되게 유지된 특징이 있다면 그녀의 빨간색 원뿔 모자였다. 이 모자는 자유를 상징했는데, 고대 로마 시대에 노예가 자유인이 되면 이런 모자를 썼던 데서 유래했다. 한편 모자가 프리지아 모자Phrygian Bonnet라고 불리는 건, 터키 영토 서쪽에 있었던 고대 국가 프리지아 사람들이 많이 썼기 때문이다.

시대마다 달랐던 그녀의 모습

마리안의 이미지가 잘 표현된 작품은 외젠 들라크루아Eugène Delacroix, 1798~1863의 〈민중을 이끄는 자유의 여신〉이다. 1830년에 있었던 프랑스 7월 혁명을 배경으로 하는 이 그림에서 마리안은 붉은 프리지아 모자를 쓰고 오른손에는 삼색기, 왼손에는 총을 들고 전진하고 있

외젠 들라크루아, 〈민중을 이끄는 자유의 여신〉, 1830.

다. 그녀는 가슴을 모두 드러낸 모습으로 바리케이드를 넘어 시민들을 이끈다. 마리안의 옆에는 나중에 소설 《레미제라블》에도 등장할 소년이 따르고 있다. 빅토르 위고가 이 그림을 본 후 가브로쉬Gavroche를 창조했다고 하니 말이다. 그리고 저 멀리 노트르담 성당이 혁명에 휩싸인 파리를 지켜보고 있다.

〈민중을 이끄는 자유의 여신〉이 마리안을 그림으로 표현했다면 프랑수아 뤼드François Rude는 조각으로 표현했다. 바로 〈1792년 의용군

프랑수아 뤼드, 〈1792년 의용군들의 출전〉, 1836.

들의 출전〉이다. 샹젤리제 거리를 향한 개선문 벽에 설치되어 있다. 이 작품은 〈라 마르세예즈〉라는 별명을 가지고 있는데, 프랑스 대혁명 때 시민군들이 〈라 마르세예즈〉를 부르며 출전하던 모습을 작품이 포착했기 때문이다. 마리안은 이 작품에서 여신으로 묘사되고 있다. 그녀는 시민들의 위에서 날개를 펴고 시민들을 독려한다. 눈은 터져 나올 듯 부릅뜨고 손으로는 칼을 움켜쥔 모습이다.

한편 마리안의 모습이 늘 이렇게 격정적이었던 것은 아니다. 평화가 찾아오거나 보수 정권이 등장할 때면 그녀에 대한 묘사도 차분해졌다. 머리에는 프리지아 모자 대신 헬멧이나 밀로 만든 왕관이 씌워졌고, 착검한 총 대신 횃불을 든 모습이 나타났다. 1885년 프랑스 시민들이 미국에 기증했던 〈자유의 여신상〉도 마리안의 차분한 유형에 속한다. 원래 이름이 〈세상을 비추는 자유〉인 이 동상은 이제 프랑스의 마리안이라는 의미는 희석되고 미국을 상징하는 동상이 되었다.

역사적으로 마리안은 배척당할 때도 있었다. 프랑스에서 민주주의가 후퇴할 때가 그런 때였다. 대표적인 예가 비시 정부 때다. 제2차 세계대전 때 히틀러에게 협력하던 괴뢰정권 비시 정부는 마리안을 노골적으로 배척했다. 그들은 전국에 있는 마리안 동상들을 해체해 녹여버렸고 우표 모델로도 마리안을 쓰지 못하게 했다. 그 후 히틀러가 패망하고 프랑스가 민주공화정을 회복하면서 마리안도 제자리를 되찾았다. 이처럼 마리안은 시대의 흐름을 타왔다.

한편 마리안은 많은 예술가에 의해 표현되었다. 앞서 말한 들라크루아, 뤼드 외에 파블로 피카소와 살바도르 달리도 마리안을 그렸다.

그런데 현대에 들어 프랑스는 좀 더 대중 친화적인 방식으로 마리안을 기념하고 있다. 대중에게 친숙한 유명 스타를 마리안으로 선정하는 것이다. 1969년 영화배우 브리지트 바르도가 그렇게 첫 번째 마리안이 되었고, 그녀의 뒤를 이어 가수 미레유 마티외, 배우 카트린 드뇌브, 모델 이네스 드 라 프레상주, 그리고 레티시아 카스타 같은 스타들이 마리안으로 선정되었다.

프랑스에서 마리안이 선정되면 그 여성을 본뜬 흉상이 제작되고, 그 흉상은 파리시청 등 전국 관공서에 설치된다. 마리안이 탄생했던 18세기에 비하면 큰 변화다.

공화국에 대한 프랑스의 애착

그럼 마리안이 그처럼 오랫동안 프랑스인들의 사랑을 받은 이유는 뭘까? 답은 그녀가 공화국의 상징이라는 데서 찾을 수 있다. 만약 프랑스인들에게 공화국에 대한 애착이 없었다면 공화국의 상징인 마리안이 그렇게 장수할 수는 없었을 것이기 때문이다. 프랑스는 1789년 대혁명으로 제1공화국이 출현한 이래 현재의 제5공화국까지 이어져 왔다. 그 사이에 요동치는 시대가 없진 않았지만, 그들은 늘 오뚝이처럼 공화국으로 돌아왔다.

공화국의 라틴어 어원 'res publica'는 '공공의 것'을 뜻한다. 국가는 공공의 물건이므로 내 것도, 네 것도 아니며 소수의 것도, 다수의 것도 아니라는 것이다. 민주주의의 어원 '데모크라시'가 다수(데모스)가

권력을 잡는다(크라티아)는 뜻에서 출발한 데 비해 공화국은 좀 더 중립적인 어원에서 출발하고 있다.

고대 로마의 대표적 공화주의자 키케로는 국가가 한 사람의 수중에 놓이면 폭정이 되기 쉽고, 소수가 장악하면 과두정으로 타락하며, 일반 시민들이 장악하면 중우정이 되기 쉽다고 보았다. 그래서 그는 누구도 상대 세력을 누를 수 없도록 법과 견제가 보장되는 공화국을 꿈꾸었다.

키케로의 공화주의는 훗날 몽테스키외와 같은 근대 사상가들에게 영향을 주었다. 1789년 프랑스 혁명 때 발표된 '인간과 시민의 권리 선언'은 '권리에 대한 보장이 없고, 권력 분립이 규정되어 있지 않은 사회는 헌법이 없는 것이다(제16조)'라고 단언함으로써 공화주의 정신을 드러냈다.

한 통계에 따르면 2017년 기준으로 세계 206개 국가 중 159개 국가가 자신들을 공화국이라고 부른다. 이제 공화국은 이처럼 흔하디흔한 단어가 되었다. 하지만 프랑스인들에게는 이 단어가 여전히 특별하다. 우선 프랑스의 여러 매체에서는 'RF'라는 단어가 자주 눈에 띈다. 이는 프랑스 공화국République of Française의 머리글자다. 그리고 프랑스의 현 집권 여당의 당명은 '레퀴블리크 앙 마르슈!'다. '전진하는 공화국'이라는 뜻이다. 공화국에 대한 그들의 강한 애착을 엿볼 수 있는 대목이다. 자신들이 직접 군주제를 무너뜨리고 공화국을 만들었으니 그 애정도 남다르다.

프랑스의 국가 문장 파시즈

프랑스 여권의 겉표지는 여느 유럽연합 회원국과 마찬가지로 붉은 색이다. 그리고 한가운데에 국가 문장이 자리 잡고 있다. 국가 문장의 중앙에는 RF, 즉 프랑스 공화국의 앞 글자가 표시되어 있다.

국가 문장의 가운데에 보이는 것은 도끼와 막대 묶음이다. 도끼는 우리나라에서는 민담의 친근한 소재이지만 프랑스는 조금 더 엄숙하다. 그림과 같은 도끼를 파시즈Fasces라고 하는데, 막대 묶음 가운데 도끼날이 끼워진 형태로 묘사된다. 이러한 이미지는 고대 로마의 전통에서 유래한다. 로마는 공화정 시절, 매년 평민회에서 집정관 두 명을 국가의 대표로 선출했다. 그리고 그렇게 집정관이 된 시민의 리더

프랑스 여권 표지(왼쪽)와 국가 문장(오른쪽). (출처: passportindex.org)

들은 국가의 공권력과 정의를 대표했다. 그래서 집정관이 행차할 때면 수행 관리가 파시즈를 집정관의 상징물로서 들고 수행했다.

파시즈를 자세히 보면 두 가지 상징이 합쳐져 있는 것을 알 수 있다. 먼저 한 묶음의 나무 막대들이 있는데, 이는 구성원들의 단결을 상징한다. 그리고 또 다른 상징인 도끼는 상대를 처형할 수 있는 국가의 공권력을 뜻한다. 따라서 파시즈는 시민들이 만들어냈고 동시에 시민들이 존중해야 할 대상으로서 공권력을 상징한다. 비록 훗날 파시스트인 무솔리니가 파시즈의 상징성을 악용하긴 했지만, 프랑스는 원래의 의미를 중시해 국가 문장에 쓰고 있다.

그 외에 프랑스 국가 문장에는 하트 모양의 방패를 가운데 두고 왼쪽에 사자, 오른쪽에 독수리가 배치되어 있다. 지상의 왕자王者와 하늘의 왕자를 각각 새긴 것이다. 그리고 그 주변으로는 올리브 잎과 떡갈나무 잎이 놓여 있다. 올리브 잎은 평화를, 떡갈나무 잎은 불멸과 지혜를 상징한다.

프랑스인이 사랑하는 동물, 수탉

국가 문장에 나타난 동물은 사자와 독수리지만, 정작 프랑스인들이 마음으로 사랑하는 동물은 따로 있다. 닭이다. 그중에서도 수탉은 중세부터 프랑스를 대표해온 상징이다. 프랑스에서는 수탉을 뜻하는 단어와 원주민인 골족을 뜻하는 단어가 같을 정도로 양자의 관계가 긴밀하다.

그런데 흥미롭게도 닭을 부정하는 프랑스인이 있었다. 바로 나폴레옹이다. 그는 "닭은 정력이 약해서 강력한 프랑스 제국을 상징하기에 맞지 않다"라고 하면서 독수리로 상징 동물을 교체해버렸다.

그러나 나폴레옹과 그의 조카 나폴레옹 3세까지 역사에서 퇴장한 후로 프랑스인들은 다시 닭에 대한 사랑을 마음껏 표현하고 있다. 월드컵이면 프랑스 대표팀은 수탉 로고가 새겨진 유니폼을 입고 나온다.

한편 프랑스인들은 수탉의 장점을 이렇게 들고 있다. 수탉들이 들으면 당황할 정도로 좋은 해석이다.

- 닭은 의외로 용감하다.
- 변화를 민감하게 느끼는 동물이다. 그래서 오랜 세월 동안 지붕 위에서 풍향계의 모델이 되어왔다.
- 예수는 그가 다시 올 때까지 '늘 깨어있으라'고 했다. 동물 중에서 홀로 깨어 있는 기특한 동물이 수탉이다.
- 수탉이 매일 아침 우는 것은 어둠이 패하고 빛이 이겼다는 뜻이다.

헥사곤, 여섯 선분으로 이어지는 국경선

헥사곤Hexagon은 벌집과 눈의 결정체 모양으로 익숙하다. 그런데 프랑스는 자국 국토를 표현할 때 이 도형을 자주 사용한다. 프랑스의 국경선이 육각형 형태를 띠기 때문이다. 북쪽부터 시계 방향으로 보면 북동쪽은 벨기에와 룩셈부르크에, 동쪽은 독일, 스위스, 이탈리아

프랑스 여권은 사중 면마다 육각형의 국토를 보여준다. 페이지 하단에는 국토 모양에서 착안한 육각형이 페이지 번호를 감싼다.

에, 남동쪽은 지중해에 접한다. 그리고 남서쪽은 스페인에, 서쪽은 대서양에, 북서쪽은 영국 해협(망슈 해협)과 북해에 접한다.

영토의 넓이는 약 55만 제곱킬로미터다. 영국과 독일보다 더 넓다. 유럽에서 러시아를 제외하면 프랑스보다 넓은 나라가 없다. 그들의 영토는 질적인 측면에서도 돋보인다. 일단 기후가 온난하여 농업에 적합한 데다, 국토를 자연적 장애물들이 에워싸고 있어 안보적으로도 안정된 곳이다. 동쪽은 알프스산맥, 동남쪽은 지중해, 남서쪽은 피레네산맥, 서쪽은 대서양, 북서쪽은 영국 해협과 북해가 있어 외부의 침입이 쉽지 않기 때문이다.

하지만 오늘날 프랑스의 국경 개념은 복잡하게 변하고 있다. 첫째는 역외 국경External border이다. 프랑스는 유럽연합 회원국들끼리의 자유로운 인적 이동을 보장하는 쉥겐협약을 맺었다. 이제 프랑스에게 국경은 자국 국경만이 아니다. 회원국들의 공항과 항만, 기차역 등의 국경선들이 또 하나의 국경이다. 이는 특히 난민 문제와 관련해 첨예한 이슈가 되고 있다.

변화하는 또 하나의 국경은 프랑스와 영국 간 국경이다. 기존에는 영국 해협이라는 큰 장애물이 있었다. 하지만 1994년 두 나라는 영국 해협 중 도버 해협(칼레 해협) 구간의 해저를 굴착해 채널 터널Channel Tunnel을 건설했다. 50킬로미터의 터널을 통과하는 데 35분이 소요되며, 하루 평균 5만 명이 이동한다. 승객의 85퍼센트는 영국인이다. 이 터널로 인해 프랑스 북서부 국경의 모습은 크게 바뀌고 있다.

셋째로 배타적 경제수역의 경계선은 엄밀한 의미에서 국경선은 아니지만 바다에서 자국의 경제적 이익을 지킨다는 점에서 광의의 국경선이라 할 수 있다. 프랑스도 과거 제국주의 시절 영국만큼이나 식민지를 많이 거느렸기 때문에 지금도 해외 영토가 많다. 덕분에 배타적 경제수역의 넓이는 미국 다음으로 넓다.

여권 속의 마리안
- - - - - - - - - - - - - -

프랑스 여권은 사증 면의 모든 페이지에서 마리안을 표현하고 있다. 프리지아 모자를 쓴 그녀의 모습은 은화 방식으로 인쇄되어 있다. 마치 우리나라 만 원권 지폐를 빛에 비추어 보면 세종대왕이 보이는 것과 같은 원리다. 그리고 프랑스 여권은 인적 사항 면에 육각형의 홀로그램을 두고 있는데 그 홀로그램 이미지 속에도 마리안의 모습이 인쇄되어 있다.

프랑스 정부의 로고. 삼색기와 마리안, 자유·평등·박애라는 표어, 프랑스 국가 명칭 등 네 가지 상징이 하나로 뭉쳐 있다. 넷 모두 프랑스 혁명에 뿌리를 두고 있다. 이 로고는 1999년부터 정부에서 쓰고 있다. 정부 부처 홈페이지에 들어가면 좌측 상단에 보이는 로고가 바로 이것이다.

프랑스의 '긴급여권'은 마리안의 모습을 발견할 수 있는 또 다른 곳이다. 긴급여권은 일반여권을 발급받을 시간적인 여유가 없을 때 급히 발급받는 여권이다. 그런데 프랑스 긴급여권에는 일반여권에는 없는 프랑스 정부 로고가 인쇄되어 있다. 이 프랑스 정부 로고는 그림에서 보듯이 마리안을 도안에 포함하고 있다.

마리안에게 안녕을

유럽인들에 대한 작가 미상의 유머가 있다. 천국에서는 경찰은 영국인, 연인은 프랑스인, 기계공은 독일인, 요리사는 이탈리아인이다. 그리고 이 모든 것을 스위스 관리인이 관리한다. 지옥에서는 경찰은 독일인, 연인은 스위스인, 기계공은 프랑스인, 요리사는 영국인이다. 그리고 이 모든 것을 이탈리아 관리인이 관리한다.

그럴싸한 유머다. 사람들은 독일 기계공이 만든 벤츠 자동차에 감탄하고 이탈리아 요리사의 파스타에 행복해한다. 영국의 시각장애인들은 별 주저 없이 거리를 무단 횡단한다고 한다. 경찰이 친절하게 달려올 거라는 믿음이 있기 때문이란다. 스위스인들은 그것이 은행 계좌이건 교황청 경비이건 일단 관리를 맡으면 확실하다. 그러므로 이런 세상은 분명 천국일 것이다.

그런데 이 유머에서 프랑스인들이 최악의 기계공인지는 좀 더 검토를 해야 할 것 같다. 프랑스인들은 이래 봬도 에펠탑을 조립했고 지금도 고속열차 TGV와 대형 여객기 A380을 조립하고 있다. 그들

유럽연합의 깃발. 12개의 별이 하나의 원을 이루고 있다. 숫자 12는 완전함을 상징하는 수라는 서양의 전통에서 따왔다.

은 기계적 조립 외에 정치적 조립 능력도 그리 나쁘지 않은 것 같다. 자유와 평등, 좌와 우 등 자칫 대립되기 쉬운 이념들을 잘 조립해왔다. 그리고 이제는 유럽연합이라는 구조물을 조립하고 있다. 독일 기계공들과 함께 말이다.

그래서 오늘날 프랑스의 마리안은 삼색기 외에 유럽연합의 깃발도 들고 전진해야 할 처지다. 물론 일부에서는 이에 대해 다른 목소리도 터져 나온다. 유럽연합에 대한 다양한 목소리다. 프랑스가 어떻게 대응해갈지 미래는 열려 있다.

이제 프랑스와 작별할 시간이다. 자유·평등·박애의 나라, 공화주의의 나라, 육각형의 나라, 수탉의 나라, 혁명의 나라 프랑스여, 안녕하시라. 마리안이여, 오래도록 안녕하시라.

여권과 비자는 어떻게 다른가?

여권이 국가가 자국민에게 발행하는 증명서라면, 비자는 외국인에게 발행하는 허가서다. 쉽게 말해 한국인 홍길동이 미국 하버드대학교에 유학을 갈 경우, 홍길동은 대한민국 정부로부터 대한민국 여권을 발급받고, 미국 정부로부터는 미국 비자를 발급받아야 한다.

그러므로 비자는 국가들이 외국인들을 받아들일 때 미리 검증하는 수단이다. 그러나 그 외국인의 소속 국가에 대한 신인도가 높은 경우, 또는 그 외국인의 방문 목적이 매

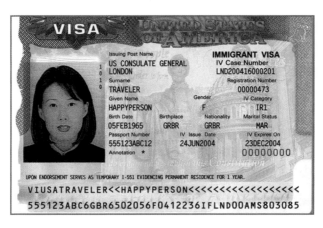

미국 입국을 희망하는 외국인들에게 미국 정부가 발급하는 비자의 견본.(출처: 미국 이민청 홈페이지)

우 단순하고 기간이 짧은 경우에는 비자를 면제하기도 한다. 대체로 상대 국가와 상호주의를 취하는 경우가 많지만 일방적으로 비자를 면제해주기도 한다.

전통적으로 비자는 한 국가의 국민에게 통째로 입국을 허가하거나 제한하는 방식으로 발급됐다. A국이 무비자 국가가 되면 A국의 국민 모두는 비자 없이 입국이 가능하게 되었던 것이다. 그런데 요즘은 각 나라의 비자 정책이 좀 더 복잡해지고 있어 동일한 국가의 국민이라도 개인에 따라 평가해 입국 허가 여부를 결정하는 경우도 있다.

최근 일부 선진국들은 비자 면제 국가 국민들에게도 전자여행허가(ETA, ESTA 등)를 사전에 받도록 요구한다. 입국전에 그 사람을 심사하고 입국 부적격 인물을 사전에 선별하기 위해서다. 이러한 제도는 기존의 비자와는 개념이 달라, 이를 명시적으로 비자라고 말하지는 않는다. 하지만 외국인들을 대상으로 미리 심사를 함으로써 자국의 문호를 선별적으로 개방한다는 차원에서는 새로운 형태의 비자 또는 더 세련된 형태의 비자로도 볼 수 있다. 그리고 신인도가 높은 국가의 국민이어서 비자를 요구할 수는 없지만, 그래도 사전에 검토를 하려는 영토국가의 고민이 반영된 것이기도 하다.

한편 비자는 현대에 들어 입국을 위한 것으로 굳어졌지만 출국을 위해 필요했던 시절도 있었다. 많은 사람이 기억하는 영화 〈카사블랑카〉에서 주인공 부부는 카사블랑카를 떠나기 위해 출국 비자를 애타게 구했다. 이처럼 입국 비자와 출국 비자의 경계가 불분명하고, 심지어 여권과 비자의 경계도 불분명하던 시절이 있었다.

09

독일

GER

냉전의 시작과 끝

서울 청계천 변 이색 조형물

서울 종로구 청계천 도로변에는 특이한 조형물이 있다. 오래된 콘크리트 벽과 곰 모양의 조형물이 그것이다. 콘크리트 벽은 사람 키보다 큰데 한쪽 면에는 낙서가 있고 다른 면에는 낙서가 없다. 그리고 그 옆에 설치된 곰 조형물에 다가가면 푸른색 곰의 몸에 무엇인가 그림이 그려져 있다.

서울 도심, 시민들이 무심코 지나가는 도로 변에 놓인 이 조형물은 뭘까? 콘크리트 벽은 다름 아닌 베를린장벽이고, 곰 조형물은 베를린의 상징 동물 곰이다. 그리고 그 곰의 몸에 그려진 그림은 브란덴부르크문이다. 둘 다 독일 베를린시가 서울시에 기증한 것이다.

독일에서 베를린장벽과 브란덴부르크문은 중요한 상징물이다. 뒤에서 살펴보겠지만 여권도 브란덴부르크문을 핵심 소재로 사용하고 있다. 그래서 우리는 브란덴부르크문의 의미를 짚어보려고 한다. 그

청계천 변에 있는 곰 조형물(왼쪽)과 베를린장벽(오른쪽).

런데 이 문을 제대로 보기 위해서는 좀 더 먼 거리로 이동해야한다. 시간적으로 말이다. 두 가지 사건이 있다. 첫 번째는 베를린 공수, 두 번째는 베를린장벽의 설치다.

비지가 된 서베를린

동서독은 남북한과 같은 분단 국가로서 우리와 많이 닮았지만, 그렇다고 다 같은 건 아니었다. 가장 큰 차이는 동독의 수도 안에 서독 영토의 일부가 있었다는 것이다. 평양 안에 남한 구역이 있는 셈이었다. 이렇게 한 나라의 영토로서 다른 나라의 영토 안에 있는 땅을 비지飛地라고 한다. 서독 입장에서 베를린의 절반은 비지였다.

그 과정은 다음과 같다. 제2차 세계대전이 끝났을 때 연합국들은 독일을 네 구역으로 분할하여 점령하였다. 서쪽은 미국, 영국, 프랑스가 점령하고, 동쪽은 소련이 점령했다. 이는 숫자상으로는 4자 구도이지만 크게 보면 양자 구도였다. 절반은 자본주의 진영, 절반은 공산주의 진영이었기 때문이다. 그런데 더 특이한 점은 수도를 처리하는 방식이었다.

수도 베를린은 동서독의 경계선에서 동독 내부로 160킬로미터 들어와 있는 위치에 있었다. 사실상 공산 진영에 속하는 도시였지만 4강은 베를린도 4분했다. 서방 국가들은 서베를린을, 소련은 동베를린을 관할한 것이다. 이런 특이한 구도는 서독과 서베를린 간에 자유 통행이 보장될 때는 별문제가 없었지만, 만약 서독과 서베를린 사이의 영토를 관할하는 소련이나 동독 측이 그 통로를 차단해버리면 서베를린은 외로운 섬이 되어버릴 것이었다.

사면초가 서베를린

1948년 6월 24일, 우려했던 일이 실제로 벌어졌다. 소련의 스탈린이 서베를린을 봉쇄해버린 것이다. 그는 서독 쪽에서 서베를린으로 들어오는 도로, 철도, 운하 등 교통을 완전히 차단했다. 스탈린은 공산권에서 서베를린으로 들여보내던 전력과 농산물도 차단했다. 20만 명의 서베를린 시민들은 사면초가의 형국에 처했다. 이른바 '베를린 봉쇄'의 시작이었다.

이러한 대결이 스탈린의 충동으로 일어난 것은 아니었다. 미국과 소련은 나치가 패망한 뒤 독일을 앞으로 어떻게 관리할지에 대해 생각이 달랐다. 미국은 독일을 부흥시키려고 했던 반면, 소련은 독일이 다시 강력한 산업국가가 되는 것을 원치 않았다. 이러한 상황에서 서방 진영이 독일 경제를 부흥시키기 위해 서베를린을 포함한 서독 영역에서 화폐개혁을 추진하자 소련은 이에 대한 보복으로 서베를린을 봉쇄했던 것이다.

미국은 스탈린의 초강수에 맞설 대응책을 고민했다. 먼저 미군을 동원하여 서독에서 서베를린까지 봉쇄망을 뚫고 진격하는 방법이 검토되었다. 그러나 이는 소련과의 전면전을 의미하는 것이라 곧 대안에서 제외되었다. 다음은 서베를린에서 서방 3국의 군대를 철수하는 방법이었다. 하지만 이것은 서베를린을 소련에 넘겨주는 것이나 마찬가지였다. 그러면 서베를린 시민들을 구할 대안은 없었을까?

이때 기상천외한 대안 하나가 제시되었다. 바로 하늘로 보급을 하자는 것이었다. 다행히 육로와 달리 소련은 공중을 통한 접근은 대응하지 않고 있었다. 공중 접근은 연합국들이 기존에 합의한 사항이었기도 했다. 서방 측 항공기가 동독 영토를 넘어 서베를린의 템펠호프 공항, 테겔 공항, 가토우 공항 등으로 비행하는 것이 보장되어 있었다. 소련으로서도 국제법을 어기면서 항로를 차단할 수는 없는 상황이었다.

문제는 공수를 실행하는 방법이었다. 20만 명의 서베를린 시민이 하루 생활하는 데 필요한 물자는 혀를 내두를 규모였다. 하루 총

1,534톤의 식량을 공수해야 했고 난방과 에너지 공급까지 감안하면 매일 3,475톤의 석탄과 석유도 수송해야 했다. 당시의 화물기는 스쿨버스 만한 크기였기 때문에 엄청난 수의 항공기와 그만큼의 조종사가 필요했다.

베를린 공수를 시작하다

1948년 6월 26일 미군 수송기 C-47기 32대가 서베를린을 향해 이륙했다. '베를린 공수'의 시작이었다. 작전 초기에 미군은 향후 3주 안에 이 작전이 끝날 것이라고 생각했다. 소련의 판단도 마찬가지였

베를린 봉쇄 기간에 템펠호프공항에 내린 미군 수송기 C-47.(출처: 미국 국립 공군 박물관)

다. 일찍이 이런 대규모의 수송 작전이 없었던 데다, 서방 측이 철수에 앞서 명분을 쌓는 것이라고 보았기 때문이다.

그러나 공수 작전은 갈수록 확대되었다. 미군과 영국 공군이 공동으로 작전을 수행했고 호주, 뉴질랜드, 남아프리카 공화국에서도 비행사들이 파견되었다. 작전 방식도 날로 정교해졌다. 서베를린의 활주로도 정비되었고 관제도 효율적으로 발전했다. 항공기들이 이륙하면 앞의 항공기보다 일정 높이 이상의 공역으로 진입하도록 규칙도 마련되어 항공기들이 얽히지 않게 하였다. 다수의 항공기가 지속적으로 이착륙하기 위한 체제였다. 그 결과 항공기들은 마치 하늘에 수직의 사다리를 놓는 형태의 이착륙 체계를 갖추게 되었다.

1948년 6월에 시작된 공수 작전은 1949년 9월까지 계속됐다. 애초 한 달을 못 갈 것으로 생각했던 일이 15개월을 넘긴 것이다. 그리고 그 기간 중 어느 시점에 이르자 공중 수송량이 기존의 육상 수송량을 능가하는 시점이 됐다. 서베를린의 여러 공항에서 30초에 한 대씩 서방 측 수송기가 착륙하는 진풍경도 벌어졌다. 서방 측의 비행 거리를 합치면 지구와 태양 간 거리와 비슷할 정도였다.

소련은 공수가 계속되던 1949년 5월 12일 베를린 봉쇄를 풀었다. 더 이상 봉쇄의 의미가 없다고 판단했기 때문이다. 소련은 자본주의의 생산력에 질려버렸고, 동서 진영의 골만 더 깊어질 뿐이었다. 그 후 소련이 서독과 서베를린 간 접근로를 끊는 일은 생기지 않았다.

어린이의 마음을 얻은 어른

이렇게 베를린 봉쇄와 이에 맞선 베를린 공수는 미국과 소련이 냉전에 돌입하게 되는 중대 사건 중 하나였다. 그러나 역사에는 꼭 이런 큰 이야기만 있는 것은 아니다. 작은 시냇물 같은 이야기도 있다. 이것은 어린이들의 마음을 얻은 한 어른의 이야기다.

서베를린 공수 작전에 투입된 미군 게일 핼보슨Gail Halvorsen, 1920~은 작전 초기에는 독일에 대한 감정이 좋지 않았다. 여느 동료 조종사들과 마찬가지였다. 제2차 세계대전이 끝나기 전까지 적국이었던 독일 국민들을 지원해야 한다는 점이 썩 유쾌하지 않았기 때문이다.

그러던 어느 날 그는 서베를린 공항 철조망 외곽에 모여 있는 독일 아이들을 발견했다. 어느 나라든지 어린이들은 비행기를 좋아하는 법이다. 핼보슨은 독일 아이들에 다가갔다. 아이들은 환호했고 비행기에 대해 질문을 쏟아냈다. 모두 궁금해 보였지만 꼬마들은 그가 건넨 껌 두 통을 사이좋게 나눠 씹었다. 자신의 차례까지 껌이 돌아오지 않은 아이들은 껌 종이에 코를 대고 냄새를 맡는 것만으로 행복해했다.

핼보슨은 아이들의 질문에 대답하다가, 기상이 나쁜 날은 착륙이 어렵다는 말도 했다. 그런 날엔 서베를린에 물자가 부족할 수 있다고 알려준 것이다. 그때 한 아이가 "물건은 조금 부족해도 지낼 수 있지만 자유가 없다면 그게 더 어려워요"라고 말했다. 그 말은 핼보슨의 마음에 깊숙이 꽂혔다. 훗날 그는 그 순간 독일인들에 대한 모든 미

아이들에게 초콜릿 낙하산을 떨어뜨리며 비행장에 접근하는 C-54 수송기.(출처: 미국 국립 공군 박물관)

움이 녹아내리는 것 같았다고 회고했다.

그 후 핼보슨은 자신에게 보급되는 초콜릿과 과자를 모아두었다가 서베를린에 착륙하기 직전 아이들이 있을 곳으로 투하했다. 바로 낙하시키면 애들이 다칠까 봐 기지에서 손수건 모서리를 실로 꿰매 '초콜릿 낙하산'을 만들기도 했다.

이 일이 계속되자 독일 부모들에게 이야기가 퍼져나갔다. 그리고 독일 부모들은 미군 기지에 감사의 편지를 보내기에 이르렀다. 결국 이 일은 기지 내에 알려지고 모든 조종사가 동참하게 되었다. 곧 이어 미국 본토에서도 국민들이 초콜릿을 보내왔다. 이렇게 되자 조종사들은 서베를린 상공에 진입하면 과자를 뿌리는 '과자 작전'을 공식적으로 개시했다.

최종 집계에 의하면 베를린 공수 기간 중 서베를린에 23만 톤의 과자가 25만 개의 손수건 낙하산에 매달려 낙하되었다. 어린이의 마음을 얻는 것은 어른의 마음을 얻는 것보다 더 어려울 수 있다. 그러나 조종사 게일 핼보슨은 그 일을 해냈다. 아무런 계획도 없이 말이다.

베를린장벽이 등장하다

베를린 봉쇄와 베를린 공수 후 세월이 흘러 1961년이 되었다. 1961년은 베를린장벽이 설치된 해다. 사실 동서독 간에는 그전부터도 국경선이 있었다. 내부 독일 국경선IGB이 동독과 서독을 가르고 있었던 것이다. 그런데 베를린의 사정은 달랐다. 비지인 데다 공동 관할이라는 독특한 특성을 가졌기 때문에 1961년까지도 베를린 내부에서는 이동이 자유로웠다.

그 결과 베를린에서는 동서독의 일반 국경선을 통해서는 상상할 수 없는 일이 가능했다. 독일인이 베를린을 통하면 반대 진영으로 가는 일이 가능했던 것이다. 그리고 실제로 그런 일이 일어났다. 그것은 바로 동독 국민들의 대량 이탈이었다. 통계에 따르면 동서독 분단 이후 1961년까지 총 350만 명의 동독 인구가 서베를린을 거쳐, 서독 등 서방 국가로 이민을 갔다. 이는 동독 전체 인구의 20퍼센트에 달하는 인구였다.

이러한 서방행 물결이 동독 정부에 좋은 점도 있었다. 동독 체제에 반감을 가진 인구가 떠나다 보니, 잔류한 주민들은 체제 순응도가 높았고, 서방행 물결 속에 첩자를 끼워 보내는 것도 용이했기 때문이다. 그러나 그 규모가 커지다 보니 단점이 장점을 능가했다. 무엇보다도 이민을 떠나는 사람들은 주로 젊은 고학력층이었다. 이는 보육과 교육은 동독이 부담하는데, 경제적 기여는 서방에서 한다는 것을 의미했다. 이러한 구조가 오래갈 수 없다는 것을 소련과 동독 지도부가 자각하는 데는 그리 오랜 시간이 걸리지 않았다.

1961년 8월 13일 결국 비상조치가 단행됐다. 훗날 '철조망의 일요일'이라는 이름을 얻은 조치였다. 동독 정부는 서베를린과 동베를린 간 이동을 차단하기 위해 그 중간에 43킬로미터에 걸쳐 철조망과 울타리를 쳤다. 철조망이 쳐지면서 브란덴부르크문은 동베를린에 포함되었다. 차단은 베를린에만 이뤄진 것이 아니었다. 서베를린을 감싸고 있는 동독의 접경 지대 112킬로미터에 걸쳐서도 장애물이 설치되었다. 서베를린이 베를린장벽으로 완전히 포위된 것이다. 물론 서독과 서베를린 간의 도로, 기차, 운하, 항공은 유지되었다.

이렇게 등장한 장애물들은 초기에는 말 그대로 '장애물'이었지만 시간이 지나면서 '장벽'으로 대체되어갔다. 그리고 그 장벽은 보강물이 속속 등장하면서 더욱 극단적인 장벽이 됐다. 장벽은 총 155킬로미터에 달했다.

장벽이 등장한 초기에만 해도 동독인들이 철조망을 훌쩍 뛰어넘거나 건물에서 뛰어내려 서방으로 망명하는 경우가 종종 있었다. 그러나 이러한 방식은 점점 불가능하게 되었다. 일단 장벽 자체의 높이가 3.6미터에 달해 넘을 수 없었고, 설사 담벼락에 기어오른다 해도 장벽의 상단이 둥글게 되어 있었기 때문에 바로 미끄러졌다.

　장벽에 접근하기도 어려웠다. 장벽에 다다르기에 앞서 빈 공간이 존재했기 때문이다. '죽음의 지대'라는 섬뜩한 이름이 붙은 이 구역은 장벽과 내부 울타리 사이에 100미터 폭으로 존재했다. 이 공간에는 아무 물건도 놓여 있지 않아 모든 움직임이 노출되었다. 탈주자가 장벽에 접근하는 것을 발견하면 바로 총을 발사할 수 있는 구조였다. 게다가 땅바닥에는 가지런히 모래를 깔아 발자국 탐지를 쉽도록 하였다.

　그 외에도 베를린장벽에는 곳곳마다 초소와 감시병, 감시견이 배치되었다. 구간에 따라서는 전기 철조망, 접촉 경보 울타리, 서치라이트가 설치되어 있었고, 55,000개의 대인 지뢰가 깔려 있는 곳도 있었다. 이러한 모든 시설의 목적은 단 하나, 동독 국민들의 서방행을 차단하는 것이었다.

　물론 소련과 동독 정부가 대외적으로 설명하는 베를린장벽의 기능은 달랐다. '반反파시스트 방어벽'이 그 공식 기능이었다. 서독과 서방은 '나치의 연장 선상에 있는 파시스트들'이기 때문에 그들이 동독으로 침입해 오는 것을 장벽이 막고 있다는 것이었다. 그러나 그 말은 허구였다. 장벽이 세워져 있던 대부분의 기간 동안 서방에서 동베를린으로의 접근은 외화 수입 등을 이유로 허용된 반면, 그 반대 흐름에 대해서만 금지가 이뤄졌기 때문이다. 외부로부터의 침입을 막는 장벽이 아니라, 외부로의 이탈을 막는 장벽이었다.

베를린장벽으로 얻은 것과 잃은 것

베를린장벽은 동독이 자국민의 유출을 막고 자체적인 경제 발전을 이루는 데 일정한 기여를 했다. 그러나 국민들의 마음까지 얻지는 못했다. 장벽의 차단 효과 역시 완벽하지 않았다. 추정치에 의하면 베를린장벽이 설치된 1961년부터 장벽이 붕괴한 1989년까지 약 30년간 10만 명이 월경을 시도했다. 그중 5,000명은 성공했고 130~200명은 사망했다. 징역형을 당한 사람도 많았다. 로이터 통신에 따르면 7만 5,000명이 투옥되었다.

10만 명이 서베를린으로 월경을 시도했다는 추정치에서도 짐작이 되지만 탈출 시도는 다양한 방식으로 이뤄졌다. 장벽 아래로 땅굴을 파기도 했고, 바람의 방향이 좋은 날을 기다려 열기구를 타고 월경하기도 했다. 베를린에 있는 슈프레강을 헤엄쳐 건너는 사람도 있었다. 서쪽에 도와주는 사람이 있는 경우에는 철제 로프를 서베를린 구역에 걸친 후 활차를 타고 월경하기도 했다.

좀 더 로맨틱한 방식도 있었다. 스포츠카에 연인을 태우고 검문소를 통과한 경우다. 주인공은 스포츠카를 입수해 차체의 상반부를 잘라내고 타이어의 공기는 최소한만 넣었다고 한다. 땅에 밀착하기 위해서였다. 그리고 운전석의 바닥에 앉다시피 한 자세로 검문소의 차단봉 밑을 통과했다. 이렇게 다양한 방식이 나타나면 나타날수록 장벽은 더 강화되고 통제는 철저해졌다. 그리고 그에 비례해서 동독인들의 마음도 동독을 떠나고 있었다.

코냑 한 잔과 초코파이

1963년 4월, 열아홉 살 동독 청년이 군인들 몰래 장갑차량에 올랐다. 그는 차량의 가속기를 밟았다. 마치 국경을 뚫고 지나가겠다는 듯 차량은 차단벽으로 돌진했다. 그러나 차량이 부서지자 그는 차량을 버리고 철조망으로 기어올랐다. 총성이 울렸고 청년은 총상을 입은 채 철조망에서 더 이상 움직이지 못했다. 그때 그를 발견한 서독 쪽에서 엄호 사격이 시작됐고 서독 시민들은 이 청년을 구해냈다. 볼프강 엥겔스Wolfgang Engels라는 이름의 이 청년은 서독 코냑을 한 잔 줄 수 있느냐고 물었다.

한편 비슷한 사건이 우리나라에서도 있었다. 2017년 11월 북한에서 한 병사가 군사분계선 남쪽을 향했다. 군용 지프차로 판문점에 도달한 그 병사는 지프차 앞바퀴가 도랑에 빠져버리자 차량을 버린 채 공동경비구역 남쪽으로 뛰었다. 병사는 그 과정에서 총상을 입고 낙엽들 속으로 쓰러졌다. 병사를 발견한 우리 군은 목숨을 건 구출 작전에 나섰고 병사는 후송되어 어려운 수술 끝에 생명을 건졌다. 병사는 초코파이가 먹고 싶다고 했고, 초코파이 회사는 엄청난 양의 초코파이를 병실로 보냈다.

올해 75세인 볼프강 엥겔스는 당시 목숨을 걸고 베를린장벽으로 돌진했다. 오랜 시간이 지나 북한 병사는 판문점으로 돌진했다. 사람들은 때로 자유를 위해 목숨까지 건다.

레이건의 브란덴부르크문 연설

1987년 6월, 레이건 미국 대통령이 서베를린을 찾았다. 베를린이라는 도시가 생성된 지 750년을 기념하던 때였다. 그리고 소련에서는 고르바초프 공산당 서기장이 개혁과 개방을 추진하고 있던 때이기도 했다. 이날 기념행사는 브란덴부르크문 바로 앞에서 열렸다. 브란덴부르크문 전체가 동베를린 구역에 있었기 때문에 행사장은 동서 냉전의 최전선에 있었던 셈이다. 이날 레이건은 브란덴부르크문을 배경으로 다음과 같이 연설한다.

"폰 바이체커 서독 대통령이 '독일 문제는 브란덴부르크문이 닫혀 있는 한 열려 있다'라고 했던 것처럼 오늘 나는 이렇게 말하겠습니다. 이 문이 닫혀 있는 한, 그리고 이 상처 난 장벽이 그대로 서 있는 한 독일 문제는 독일인들만의 것이 아니고, 자유를 희망하는 모든 인류의 문제라고 말입니다. (중략) 고르바초프 서기장님, 당신이 평화를 찾고 있다면, 당신이 소련과 동유럽의 번영을 찾고 있다면, 당신이 자유화를 찾고 있다면, 이 문으로 나오시오. 미스터 고르바초프, 이 문을 여시오. 미스터 고르바초프, 이 장벽을 부수시오."

레이건이 고르바초프를 거명하던 그날 연설이 있은 지 2년 후 베를린장벽은 무너졌다. 1989년 12월 22일 서독 수상은 브란덴부르크문으로 넘어가 동독 수상과 악수했다. 그리고 그 이듬해인 1990년

브란덴부르크문을 배경으로 연설하는 레이건의 모습. 그의 뒤로 헬무트 콜 서독 수상이 앉아 있다. 단상이 있는 곳은 서독의 영역, 브란덴부르크문은 동독 영역이다.

독일은 통일되었다. 이제 그때의 일은 먼 옛날의 일이 되었다. 서독에서 태어나 동독에서 성장한 정치인 앙겔라 메르켈이 지금은 독일 수상이 되어 통일 독일을 이끌고 있다. 이렇게 적어도 독일에서는 냉전의 시대가 먼 옛날의 일이 되었다.

여권 속의 검은 독수리

독수리는 로마제국의 상징이었기 때문에 많은 유럽 국가가 선호한다. 특히 독일은 자신들이 로마를 계승한 신성로마제국(800~1806)의

독일 여권의 표지.[출처: passportindex.org]

중심 국가였다는 이유로 독수리를 국가 문장에 쓰고 있다. 물론 프랑스 작가 볼테르Voltaire, 1694~1778는 신성로마제국에 대해 '신성하지도 않고, 로마도 아니며, 제국도 아니다'라고 찬물을 끼얹었지만, 독일인들은 볼테르가 그러든 말든 자부심을 유지하고 있는 것 같다.

독일 여권은 곳곳에서 독일의 상징 '검은 독수리'를 보여준다. 여권 표지에도 '연방 독수리Bundesadler'라는 명칭을 가진 검은 독수리가 표지 중앙에 금박으로 인쇄되어 있다. 바탕색은 유럽연합의 공통 색상인 붉은 계열의 버건디색이다. 여권을 뜻하는 독일어 'Reisepass'가 아래쪽에 쓰여 있다.

여권 속의 브란덴부르크문

여권의 내부 페이지에서 가장 두드러지는 이미지는 브란덴부르크문이다. 브란덴부르크문은 베를린의 중심가인 파리저 광장에 세워진 문이다. 문의 이름이 브란덴부르크인 것은 이 문에서 출발하여 서쪽으로 80킬로미터를 가면 옛 브란덴부르크공국의 중심지에 닿기 때문이다.

브란덴부르크공국은 나중에 프로이센왕국으로 발전하였고 그 프로이센왕국이 19세기에 독일제국으로 발전하였으니 독일의 뿌리인 셈이다. 또한 베를린시는 브란덴부르크주 안에 위치하고 있다.

브란덴부르크문은 건축 당시 고대 그리스의 건축양식을 이용해 건

베를린의 브란덴부르크문.

설되었다. 1791년에 이 문을 만들었던 건축가는 아테네 아크로폴리스의 입구인 프로필리아를 본떠 문을 설계했다. 문을 보면 도리아식 기둥들이 떠받히고 있는 문 위로 승리의 여신 빅토리아가 사두마차를 몰고 있다. 여신은 네 마리 말이 끄는 마차 위에서 독일 철십자가를 들고 서 있다. 철십자가는 참나무 잎이 둥글게 주변을 장식한 형태이며, 그 위로 독일 독수리가 앉아 있다.

브란덴부르크문은 애초에 독일인들의 위신을 높이기 위해 건설되었지만, 이 문을 통해 최초로 개선한 사람은 프랑스의 나폴레옹이었다. 그는 독일 프로이센군을 무찌르고 의기양양하게 이 문을 통해 입성했다. 나폴레옹은 여기에 한술 더 떠 파리로 돌아갈 때는 브란덴부

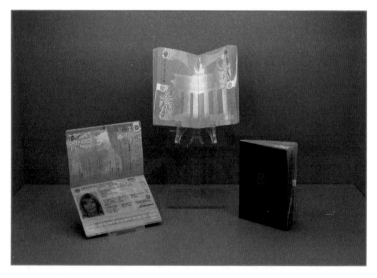

2017년부터 발급되고 있는 신여권에는 육안으로는 보이지 않는 이미지가 자외선 램프를 비추면 드러난다. 독일의 연방 독수리, 그리고 브란덴부르크문과 사두마차상이 보인다.(출처: 독일 내무부 홈페이지)

르크문 정상에 있는 사두마차상을 떼어버렸다. 점령지에서 말 동상을 빼앗아가는 것이 그의 수집벽이었는지, 이탈리아 베네치아의 산 마르코 광장에서도 말 동상을 파리로 가져갔다.

황당한 일을 당한 프로이센의 군대는 나중에 나폴레옹을 물리치고 사두마차상을 되찾아 왔다. 그리고 그 후로 독일의 국력이 무섭게 성장하면서 브란덴부르크문은 영광의 공간이 되었다. 1871년 독일제국의 군대는 프랑스의 나폴레옹 3세를 굴복시킨 후 브란덴부르크문으로 개선했다.

그러나 브란덴부르크문이 항상 영화롭지만은 않았다. 독일이 제1차 세계대전에서 패했을 때는 패전 부대가 이곳으로 귀환했고, 히틀러가 정권을 잡자 나치당이 이 문을 자신들의 상징물로 사용했다. 나치의 집권을 축하하는 행사가 열렸던 곳도, 히틀러의 생일 축하 행사가 열렸던 곳도 모두 이 문이었다.

그 후 독일은 제2차 세계대전에서 패전했고 베를린에 진주한 소련군이 이 문을 점령했다. 그다음의 역사는 우리에게 익숙하다. 동서 냉전 시대에 이 문은 베를린장벽의 대표적인 상징물이 되었다. 브란덴부르크문은 이렇듯 독일의 파란만장한 역사를 상징한다.

손에 손 잡고, 벽을 넘어서
- -

2009년 독일은 베를린장벽 붕괴 20주년을 기념하는 행사를 브란덴부르크문에서 열었다. 이 행사에서는 장벽을 상징하는 도미노 타일이 차례로 무너지면서 그 마지막 타일이 브란덴부르크문에서 무너지는 장면도 연출되었다. 분단의 상징이었던 브란덴부르크문이 개방의 상징이 되는 의미를 보여준 행사였다.

베를린장벽이 무너지고 브란덴부르크문이 열린 1989년은 서울 올림픽에서 〈손에 손 잡고Hand in Hand〉가 울려 퍼진 지 1년 후였다. 그 노래의 한글 가사에는 '손에 손 잡고 벽을 넘어서 우리 사는 세상 더욱 살기 좋도록'이라는 부분이 있었다. 그리고 영어 가사에는 'Breaking down the walls(벽을 무너뜨리자)'라는 가사가 반복되었다. 우연의 일치였는지, 마치 주문을 외운 것처럼 베를린에서 장벽은 무너졌다.

한편, 서두에서 언급했듯이 베를린시는 독일 통일 이후 서울시에 곰 조형물을 선물했다. 그리고 그 곰의 몸에는 브란덴부르크문과 남대문이 그려져 있었다. 마치 '이제 당신들 차례다'라고 말하는 듯한 디자인이다. 그런데 우리는 언제 독일 같은 날이 올지 알 수 없다. 한반도의 상황은 여전히 불확실하기 때문이다. 그러나 만약 그런 날이 온다면 우리도 베를린에 우리의 통일을 상징하는 조형물을 보내면 좋겠다. 손에 손 잡고 벽을 넘기를 바랐던 한국과 독일을 기념하면서.

진본을 알려 시민을 보호한다: EU PRADO

세계가 국제화되면서 외국 여권을 봐야 하는 경우도 늘고 있다. 숙박객의 신분을 확인할 때, 핸드폰이나 은행 계좌를 개통할 때, 또는 어떤 물건에 대한 임대차 계약을 할 때가 그런 경우에 해당할 것이다. 공공기관에서 외국인의 신분을 확인할 때도 물론이다.

유럽은 국경 간 이동이 빈번한 대표적 지역이다. 이를 반영해 유럽연합은 여권 등을 소재로 한 공공 인터넷 사이트를 운영하고 있다. 'EU PRADO'라고 검색해보자. 이 페이지에는 여러 나라의 여권 견본 이미지가 체계적으로 등재되어 있다. 여기서 PRADO는 'Public Register of Authentic travel and identity Documents Online'의 약자다. 유럽연합 이사회가 구축한 이 페이지는 불법 이민과 조직범죄에 대처하기 위해, 그리고 국경의 안전을 높이기 위해 이와 같은 사이트를 운영한다고 밝히고 있다.

이 사이트에는 유럽 국가들의 여권이 많고 우리나라를 비롯한 비유럽 국가의 여권도 볼 수 있다. 일반인 입장에서 외국 여권은 그 자세한 이미지를 접하기가 쉽지 않은데 프라도는 이러한 어려움을 크게 줄여주고 있다. 그럼 유럽연합은 왜 이런 사이트를 운영하고 있을까? 그것은 위조된 외국 여권이나 외국 신분증으로 인해 선의의 피해자가 생기지 않도록 하기 위해서다.

개방 사회는 신뢰 사회다. 그리고 신뢰 사회는 서로의 정체에 대한 믿음에서 출발한다. 유럽연합은 여권에 대한 정보를 시민들이 스스로 얻을 수 있도록 공개 인터넷 사이트를 운영함으로써, 국제화 흐름에서 생길 수 있는 정보의 비대칭성을 완화하고 있다. 그런 면에서 프라도는 유럽의 '지속 가능한' 개방을 돕는 하나의 공동 자산인 셈이다.

10

그리스

GRE

민주주의를 위한 찬가

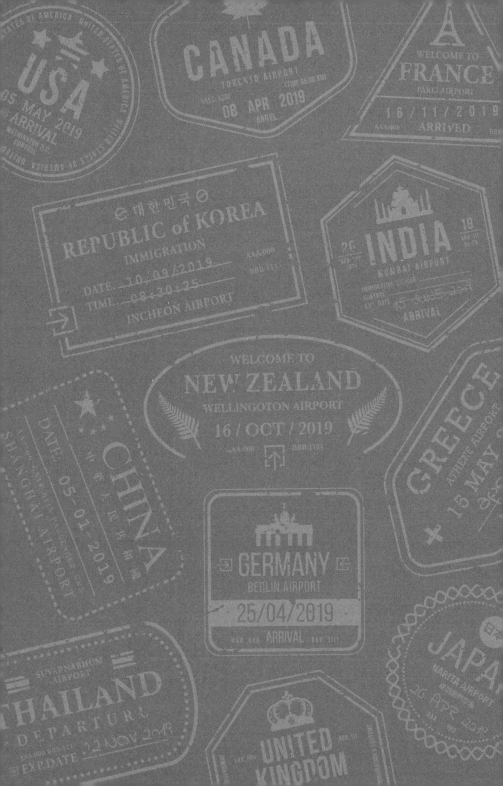

혀끝으로 천둥을 일으키는 페리클레스, 연단에 서다

그날 연설은 전사한 아테네 시민들을 추모하는 연설이었다. 아테네
는 전사자에 대한 제사 의식을 굉장히 중시했다. 아테네인들은 전쟁
이 끝나면 죽은 동료들의 뼈를 수습해 돌아와야 했다. 유골을 수습하
지 않았다고 해서 승전 장수에게 사형을 가하기도 하는 사회였다. 공
동체를 위한 희생을 잊지 않겠다는 그들 나름의 전통이었다.

　그래서 전사자들의 뼈는 매년 겨울이면 이틀 동안 유골을 모은 공
간에 특별히 안치되었다. 추모객들은 그 장소에서 전사자들에게 예
를 표했다. 셋째 날은 아테네 전체의 추모일이었다. 전사자들의 유골
을 담은 수레가 시내를 통과하면 부족별로 전사들의 영혼을 위로했
다. 이어서 유골 매장이 끝나면 그날 행사의 절정인 추모 연설이 이
뤄졌다. 연사는 매년 시민들이 투표로 뽑는 그해의 인물이 담당했다.

　지금 보이는 그림은 기원전 431년에 열린 추모 연설이다. 그해의

필립 폴츠, 〈페리클레스의 연설Pericles' funeral oration〉, 1856. 기원전 431년 페리클레스의 연설 장면을 그린 상상화다. 명시적인 표시는 없지만 페리클레스(기원전 495~429)와 거의 동시대를 살았던 소크라테스(기원전 470~399)도 아테네 시민으로서 청중 사이에 있었을 것이다.

연사는 페리클레스Pericles, 기원전 495~429였다. '혀끝으로 무서운 천둥을 일으키는' 사람이라고 묘사될 정도로 연설로 유명한 그였다.

그날 연설은 A4 용지로 옮긴다면 6페이지 분량에 이를 정도로 길지만 여기서는 그중 일부만 들어보려고 한다.

"우리의 정치 제도는 남들의 것을 베낀 것이 아니고 오히려 남들에게 모범이 되는 제도입니다. 우리나라에서 권력은 소수의 손에 있지 않고 전체 시민에게 있습니다. 그래서 우리의 체제는 민주주의라고 불립니다. 우리는 시민으로서 서로의 갈등을 해결할 때 법 앞에 모두가 평등합니다.

공적인 영역에서는 출신에 따라 공직을 부여하는 것이 아니라 그 사람이 가진 능력을 보고 부여합니다.

우리의 정치 생활이 자유롭고 개방적인 것처럼 일상생활 또한 그러합니다. 사람들이 자기 나름의 방식대로 생활할 때 거기에 누구도 시비를 걸지 않습니다. 그리고 물리적인 피해를 주는 것은 아니지만 험악한 시선을 보내 상대의 감정을 다치게 하는 일도 없습니다. 우리는 사적인 영역에서는 자유롭고 관용적이지만 공적인 영역에서는 법을 엄격히 준수합니다. 법은 우리가 깊이 존중해야 할 대상이기 때문입니다.

우리는 일이 끝나면 여가 생활을 다양하게 즐기면서 우리의 정신을 풍요롭게 합니다. 그리고 세계 곳곳에서 좋은 물건들이 유입되기 때문에 우리는 마치 국산품을 사용하듯이 자연스럽게 외국 물건들을 향유합니다.

안보에 대한 접근법도 우리는 경쟁국들과 다릅니다. 그들은 자국의 사정이 외부에 알려져 군사적으로 악용되는 것을 경계해 외국인들을 정기적으로 추방합니다. 하지만 우리는 그러지 않습니다. 안보는 숨겨둔 무기로 지키는 것이 아니라 시민들의 참된 용기와 애국심으로 지키는 것이기 때문입니다. 우리는 교육 체제도 특별합니다. 적국 스파르타는 어릴 때부터 혹독한 훈련을 통해 시민들에게 용기를 주입하지만, 우리는 국가가 주입하는 용기가 아니라 자발적 용기를 가지고 싸웁니다. 그래도 우리는 그들 이상으로 용감하게 나라를 지켜왔습니다.

우리는 아름다움을 사랑하지만 사치로 흐르지 않습니다. 감정에 민감하지만 심약하지 않습니다. 재산을 과시의 수단으로 여기지 않고 적절히 활용할 수단으로 생각합니다. 가난을 부끄러워하지 않지만 가난을 극복하기 위해 애쓰지 않는 것을 수치로 생각합니다.

우리는 자신의 일에만 몰두하지 않고 국가의 일에도 관심을 기울입니다. 자기 일에 충실하면서도 공공 사안에 대해 잘 알고 있는 것이 우리의 특징입니다. 그래서 우리는 공동체의 일에 무관심한 사람을 자기 일에 열심인 사람이라고 말해주지 않고, 우리들의 바깥에 있는 사람이라고 말합니다.

우리는 '토론과 행동은 별개다'라는 말에 동의하지 않습니다. 적절한 토론 없이 곧바로 행동에 돌입하는 것이야말로 가장 어리석은 일이기 때문입니다. 우리는 모험을 결행할 자세를 갖추고 있지만 그전에 숙고하는 신중함도 가지고 있습니다. 우리는 무지에 기초한 용맹을 높이 평가하지 않습니다. 그런 사람들은 생각을 시작하는 순간 공포에 휩싸이기 때문입니다. 진정 용기 있는 사람은 세상의 달콤함과 비통함을 모두 이해하면서도, 다가오는 역경에 맞서는 사람입니다.

우리가 타인에게 친절한 것은 이해득실을 따져서가 아닙니다. 자발적인 관대함이 있기 때문입니다. 나는 이런 모든 점을 고려할 때 아테네가 모든 그리스인이 배울 모범이라고 선언합니다. 아테네는 아테네에 패하면 부끄러워할 필요가 없는 유일한 나라입니다. 자격 없는 사람들에게 지배당한다는 불평이 나올 수 없는 유일한 주인입니다. 지금의 사람들이 우리에게 놀라듯이 후세들 또한 우리에게 감탄할 것입니다.

이러한 위대한 나라를 위해 이 자리의 전사자들이 목숨을 바쳤습니다. 이러한 나라를 잃을 수 없다고 믿었기에 그들은 명예롭게 싸웠고 명예롭게 전사했습니다. 이제 우리가 그 임무를 짊어지는 것은 당연합니다. 바로 제가 오랫동안 우리 아테네에 대해 이야기한 이유입니다. 우리는 이렇듯 다른 나라에는 없는 많은 자랑스러운 것을 가지고 있습니다. 이러한 영광은 이들 전사자들과 같은 사람들의 용기 덕분입니다. 영광스러운 아테네는 모험심을 가졌고, 무엇이 의무인지를 인식했고, 어떤 기준 이하로 떨어지는 것은 수치스러워했던 시민들이 만들어냈습니다. 행복은 자유에서 오고 자유는 용기에서 오는 것입니다.

그러므로 저는 오늘 이 자리에 모인 전사자 부모님들을 동정하지 않을 것입니다. 사람이 명예롭게 생을 마치는 것은 큰 축복입니다. 여러분의 자녀들은 영광스러운 삶을 살다 갔고 시민들이 그들을 기리고 있습니다. 물론 저는 저의 이런 말이 위로가 되지 않는다는 것을 잘 압니다. 여러분은 다른 사람들이 행복해할 때, 여러분에게도 있었던 그런 시절들이 떠오르는 고통을 겪을 것입니다. 사람은 낯선 것을 잃을 때가 아니라 익숙한 것을 잃었을 때 진정 큰 슬픔을 느끼기 때문입니다.

그러나 전사자 부모 여러분, 여러분이 아직 나이가 있다면 새 자녀를 가지십시오. 그래야 떠나간 자녀만 떠올리는 힘든 삶에서 벗어날 수 있습니다. 그리고 이 나라의 빈자리도 채울 수 있습니다. 만약 나이 때문에 어렵다면, 자녀와 행복했던 기억, 그리고 그가 남긴 아름다운 명성을 더 크게 생각하시고, 이제 고통의 날들이 얼마 남지 않았음을 상기하시기 바랍니다. 시인의 말처럼 세월이 가도 변치 않는 것은 명예이고, 나이가 들어도 줄지 않은 것은 돈보다는 주위의 존경이기 때문입니다.

전사자의 아들과 형제 여러분, 저는 여러분이 앞으로 겪을 고충을 예상할 수 있습니다. 사람들은 앞으로 여러분이 어떤 용감한 모습을 보이더라도 여러분보다는 전사자들을 높게 평가할 것입니다. 원래 모든 사람은 세상을 떠난 사람에 대해 평가가 후한 법입니다. 살아 있는 사람에 대해서는 경쟁의식을 갖기 때문에 질투하기 마련입니다.

이제 저는 법에 따라 다음과 같이 말씀드리겠습니다. 국가는 전사자 자녀들이 성인이 될 때까지 국가의 비용으로 양육을 책임질 것입니다. 이는 전사자와 그 자녀의 희생에 대해 국가가 표하는 존경이며 보상입니다. 용맹에 대해 최고치로 보상을 하는 곳에서만 최선의 시민정신이, 그리고 가장 용감한 시민정신이 싹트기 때문입니다. 이제 이것으로 여러분들의 사랑하는 사람에 대한 추모를 마치겠습니다. 여러분, 애도를 마치면 떨쳐 일어나십시오."

민주주의의 요람, 아테네

페리클레스의 연설에는 대단한 자부심과 낙관주의가 드러나 있다. 현대의 국가들이 아직 도달하지 못한 민주주의의 모습도 여럿 드러나 있다. 돈이 없어도 정치에 참여할 수 있는 정치 제도, 법치주의, 국제 관계와 무역의 개방성, 정당한 공권력에 대한 존중, 이견에 대한 관용, 공적인 희생에 대한 보상 등이 그것이다.

그러나 고대 아테네가 민주주의의 전형이었는지에 대해 비판이 없는 것은 아니다. 아테네에는 노예가 아주 많았고, 여성은 시민에서 제외되었다. 제한적인 민주주의였다는 것이다. 그리고 대외적으로는 인근 폴리스들을 끊임없이 억압하는 제국주의 국가였다. 그러나 만

약 우리가 현대의 시각이 아닌 2,500년 전의 시각에서 그들을 본다면 적어도 대내적인 측면에서 아테네는 기적과도 같은 사회다. 당시 동서양의 다른 곳에서는 전제정치가 보편적이었기 때문이다. 그래서 아테네 민주주의는 현대의 시각에서 보면 참여의 폭이 너무 좁은 것이 문제고, 당대인들의 시각에서는 참여의 폭이 너무 큰 것이 문제였던 특이한 제도다.

아테네의 민주주의를 잘 보여주는 제도는 투표 제도다. 아테네에서 시민들은 민회에 참여해 투표했다. 투표 방식은 거수 방식이 있었고, 비공개적으로 의사를 표시하는 방식도 있었다. 찬반 투표의 경우 흑과 백의 돌을 가지고 있다가 항아리에 흰 돌을 넣으면 찬성, 검은

아크로폴리스에서 출토된 도자기 파편. 민주주의를 위협할 수 있으므로 추방해야 할 대상으로 테미스토클레스를 지목한 도편들이다. 테미스토클레스는 아테네 해군을 건설해 해상 제국의 기틀을 마련했다. 실제로 그는 10년간 추방되었다.(출처: Andy Montgomery)

돌을 넣으면 반대로 집계되었다. 누군가를 지목하는 투표도 있었다. 어떤 인물이 세력이 너무 커져서 독재자가 될 가능성이 있다고 생각하면 시민들은 도자기 파편에 그 사람의 이름을 써서 투표 항아리에 넣었다. 시민들은 1년에 한 번씩 이런 방식의 도편陶片 투표를 했고 6,000표 이상이 나오는 세력가는 아테네에서 10년간 추방되었다. 타의에 의해 외국에서 머물러야 하는 그 세력가는 10년이 지나면 아테네로 복귀할 수 있었다. 부재 기간 동안 그의 세력은 당연히 약화되었을 것이므로 독재의 우려는 제거된다.

아테네에는 투표 제도 외에 공직을 윤번으로 맡기는 추첨 제도도 있었다. 추첨으로 뽑힌 시민은 그날 하루 또는 일정 기간 동안 해당 공직을 수행했다. 유물로 남아 있는 시민 법정 배심원 추첨기 Kleroterion를 보면 아테네인들이 요즘 직장인들의 '간식 내기 사다리 타기'처럼 무작위 추첨을 했다는 것을 알 수 있다. 추첨기에서 특정 줄에 걸리는 시민들은 모두 배심원이 되었다. 이러한 추첨 방식은 시민 한 사람 한 사람을 민주주의를 운영하는 동등자로 보지 않았다면 불가능한 방식이었다.

무궁무진한 인물들의 나라, 그러나 페리클레스

그리스 하면 많은 사람이 떠오른다. 소크라테스, 플라톤, 아리스토텔레스를 위시해서 호메로스, 헤로도투스, 피타고라스, 프로타고라스, 히포크라테스, 아르키메데스, 플루타르코스 등 그 수를 세기도 힘들

페리클레스 흉상. 바티칸 박물관 소장.

다. 그런데 그리스 여권은 페리클레스가 나오는 장면을 여권 맨 앞 페이지에 실고 있다.

페리클레스는 그리스 아테네의 정치가이자 군사 지도자다. 그의 이름 페리클레스는 '영광에 둘러싸이다'라는 뜻이라고 하는데, 그 이름을 증명하듯 그는 40년간 아테네의 일인자였다. 그의 생애가 66년이었던 점을 생각하면 청년 이후 거의 줄곧 아테네의 최고 지도자였던 것이다. 그는 이렇게 긴 세월 동안 아테네를 이끌면서도 다른 유력자들과 달리 시민들에 의해 도편 추방을 당하지 않았다. 그의 능력도 출중했지만 아테네인들이 그에게 얼마나 의지했는지 짐작할 수 있는 대목이다.

페리클레스가 아테네를 이끌었던 기원전 457년부터 429년까지의 약 28년은 페리클레스의 시대라고 불린다. 그런데 이 시기는 페르시아 전쟁과 펠로폰네소스 전쟁 사이에 낀 전간기戰間期이기도 했다. 전쟁과 전쟁 사이였다는 데서 짐작되듯이 이 시대는 격동기였다.

앞선 페르시아 전쟁에서 아테네는 그리스의 다른 폴리스들과 힘을 합쳐 페르시아라는 공동의 적을 물리쳤다. 승리에 가장 큰 공헌을 한 아테네는 그리스를 대표하는 폴리스로 떠올랐다. 그리고 아테네는 다시 있을 페르시아의 침공에 대비하기 위해 아테네가 주도하는 폴리스들의 동맹인 델로스 동맹을 만들었다.

그런데 여기에는 갈등 요소들이 도사리고 있었다. 그 하나는 공동의 적이 사라진 마당에 다른 폴리스들이 아테네의 리더십을 감내할 것인가의 문제였다. 다른 하나는 당대의 역사가 투키디데스가 이야기했듯이, 성장하는 아테네에 대해 라이벌인 스파르타가 점점 위협감을 느껴갔다는 것이다.

도전국의 국력이 급성장할 때, 기존에 헤게모니를 쥐고 있었던 국가는 두려움을 갖기 마련이고 결국 도전자를 제거하기 위해 전쟁을 벌인다는 것이 《펠로폰네소스 전쟁사》를 쓴 투키디데스의 생각이다. 이는 오늘날 급성장하는 중국과 미국 간의 갈등을 이야기할 때 자주 인용되는 이야기이기도 하다.

한편으로 이 시기는 아테네의 민주주의가 절정에 이른 시기이기도 했다. 에게해를 중심으로 동지중해의 제해권을 장악한 아테네는 강력한 해군 국가가 되었다. 그리고 해상무역과 식민지를 통해 벌어들이는 수입은 아테네 정치 발전의 토대가 되었다. 특히 아테네는 다른 폴리스들이 델로스 동맹에 내는 공동 방위 기금을 끌어와 아테네 시민들의 공무 수당으로 썼다. 덕분에 그전에는 생업 때문에 정치에 참여할 수 없었던 하층 시민들까지도 정치에 참여할 수 있었다. 민중이 지배하는 민주주의가 만개한 것이다.

그러나 영원할 것 같던 페리클레스의 시대도 막을 내렸다. 페리클레스가 승리를 확신했던 전쟁은 스파르타의 승리, 아테네의 항복으로 끝났다. 그리고 그의 삶도 영광에만 둘러싸인 것은 아니었다. 그의 친구이자 그가 후원했던 그리스 최고의 건축가 페이디아스는 페리클레스의 반대파들에 의해 투옥되었다가 사망했다. 페리클레스는 자녀와 누이들을 역병으로 잃었다. 페리클레스 자신도 역병으로 세상을 떠났다. 이것은 그가 전사자 추모 연설에서 아테네를 찬양한 지 불과 2년 반 뒤의 일이었다.

그가 찬양했던 아테네 시민 공동체는 시민의 3분의 1을 사망하게 한 역병과 약 30년을 끈 전쟁 속에서 사분오열되었다. 페리클레스가 사라진 후 그리스에서 민주주의는 2,000년 넘게 부활하지 못했다. 민주주의는 짧은 봄날처럼 찰나였던 것이다.

헬렌의 자손들

그리스 여권에서 가장 먼저 눈에 띄는 특징은 표지에 영어가 없다는 점이다. 그리스 문자뿐이다. 여권 표지 맨 위의 문자는 '유럽연합'을

그리스 여권의 표지.

뜻한다. 그리스가 유럽연합의 일원이기 때문이다.

그리고 둘째 줄은 '헬렌 공화국Hellenic Republic'을 뜻한다. 그리스인들은 자신들을 헬렌의 자손이라고 생각하여 나라 명칭을 헬라스Hellas라 한다. 그래서 그리스 여권도 헬렌의 공화국이라는 국호를 표시하고 있다. 헬렌은 얼핏 여성 이름으로 들리지만 그리스의 전설적인 남성 조상이다. 우리로 치면 단군 같은 존재라고 한다. 헬라스라는 국호가 한자 문화권에서는 희랍希臘이라는 한자로 옮겨졌기 때문에 지금도 그리스를 희랍으로 종종 표기한다.

표지 가운데에 국가 문장을 보면 중앙에 그리스 십자가가 보인다. 그리고 그 둘레를 월계수 잎이 감싸고 있다. 그리스는 원래 고대 그리스 신화에서 보듯이 여러 신을 신봉하는 다신교 국가였다. 그러나 기독교가 확산되면서 유일신을 믿는 기독교 국가가 되었다. 특히 그리스는 국민의 절대다수가 기독교 중 그리스정교를 믿는 대표적 그리스정교 국가다. 이를 반영해 국가 문장의 중앙에 그리스 십자가가 놓여 있는 것이다. 그리고 표지의 맨 아래 줄의 문자는 '여권'이다.

여권 안의 페리클레스

그리스 여권을 열면 표지 안쪽 면에서 페리클레스와 마주치게 된다. 앞서 소개했던 그림이 여권에 표시된 것이다. 그럼 여기서 이 그림을 천천히 살펴보자.

그림에서 페리클레스는 연단에 서 있다. 장소는 그리스 아테네다. 시점은 지금부터 약 2,500년 전인 기원전 431년이다. 서유럽은 아직

그리스 여권 표지 안쪽 면에 실린 그림이다. 페리클레스가 사모아섬 전투에서 전사한 아테네 시민들에 대해 추모 연설을 하는 장면이다.

야만의 땅이었고, 멀리 동양에서는 공자가 세상을 떠난 지 약 50년이 지난 때였다. 한반도에서는 고조선 시대가 전개되고 있었다.

페리클레스가 연설을 하는 공간은 프닉스 언덕이다. 아테네 민회는 원래 아고라에서 열렸지만, 클레이스테네스가 민주 개혁을 한 후부터는 프닉스 언덕에서 열렸다. 이 언덕에서 클레이스테네스, 페리클레스 같은 그리스 역사의 유명 인물들이 연설을 했다. 그리고 이 언덕에서는 투표도 실시되었다. 투표 결과는 아테네의 법이 되었다. 그런 의미에서 프닉스 언덕은 시민들이 서로를 설득하고 최종적인 의사 결정을 내리는 민주주의의 현장이었다. 현대 학자들의 추정에 따르면 프닉스 언덕에는 시민들이 최대 6,000명까지 모일 수 있었다.

한편 멀리 왼쪽으로는 아크로폴리스가 보인다. 아크로폴리스는 '높은 곳(아크로)'에 있는 '도시(폴리스)'라는 뜻에서 그렇게 불렸고, 신들에게 제사를 지내는 바위 언덕이었다. 이곳은 군사적으로는 성채와 같은 역할을 했다. 아크로폴리스 위에 여러 신전이 보이는데 그중에서도 압권은 역시 파르테논 신전이다. 연설하는 페리클레스 뒤로 보이는 가장 높은 신전이 파르테논 신전이다.

페리클레스의 모습을 보면 그를 묘사한 다른 작품에서처럼 투구를 쓰고 있다. 오른손을 위로 치켜든 형태로 보아 그가 연설하는 내용은 고상한 가치나 비전에 대한 것으로 추측된다. 그림의 구도에도 의미가 있다. 페리클레스는 지금 시민들에게 둘러싸여 있다. 이러한 그림의 구도는 그가 민주적인 지도자였다는 점을 느끼게 해준다. 페리클레스는 360도 시민들의 눈앞에 노출되어 있다. 그는 아테네의 지도자인 스트라테고스(장군)였지만 그 자리는 매년 시민들이 투표로 뽑아주는 자리였다. 그리고 장군은 10명이나 되었다. 그래서 그는 고대 사회의 다른 지도자들과 달리 시민들의 지도자였다. 시선을 이동해 그림 아랫 부분을 보면 작은 글씨가 보인다. '페리클레스가 프니카에서 연설하다'라는 설명이다. 여기서 프니카는 프닉스의 그리스식 이름이다.

여권 안의 파르테논 신전

그리스 여권은 파르테논을 곳곳에 표현하고 있다. 방금 본 페리클레스의 연설 장면은 물론이고 인적 사항 면, 사증 면 16, 17쪽, 그리고 여권 표지의 마지막 장에서도 파르테논 신전이 보인다.

파르테논 신전은 아테네 사람들이 자신들의 수호신인 아테나 여신을 숭배하기 위해 건설한 신전이다. 그리스어로 '파르테논'은 '파르테노스의 집'이라는 뜻이고 파르테노스는 처녀를 말한다. 아테네인들의 상상 속에 아테나 여신은 처녀신이므로 '아테나 파르테노스'에서 신전의 이름이 비롯되었다.

이 신전의 건설과 관련해 흥미로운 점은 이 신전이 주로 대리석으로 건설되었지만, 정작 아테네에는 대리석이 없었다는 것이다. 그래서 아테네인들은 시내에서 17킬로미터 떨어진 산에서 대리석을 채취한 뒤 이를 아테네 시내까지 운반해야 했다. 그리고 이를 다시 아크로폴리스 위로 끌어 올렸다. 대리석 덩어리 하나가 10톤에 이르는

파르테논의 전경. 파르테논은 아크로폴리스 언덕에 건설되었다. 기원전 447년부터 기원전 438년 사이에 지어졌다.

것도 많았기에 공사의 규모가 상당했음을 추측할 수 있다.

파르테논은 건축 자체의 의미도 크지만 그 정치적인 의미도 크다. 당시 페리클레스는 페르시아 전쟁에서 승리한 후 최전성기를 누리고 있는 아테네의 위상을 도시 건축을 통해 과시하려고 했다. 특히 파르테논 신전은 아테네가 동원할 수 있는 물적, 인적 자원의 결정체였다. 그는 아테네 최고의 건축가 페이디아스에게 감독을 맡겼고 델로스 동맹 기금을 노골적으로 아테네로 끌어와 파르테논 건설에 쏟아부었다. 결국 파르테논은 아테네의 국력, 페리클레스의 지도력, 그리고 아테네인들의 건축 기술이라는 삼박자가 융합된 작품이다.

케네디 미국 대통령은 "페이디아스의 시대는 페리클레스 시대였기 때문에, 레오나르도 다빈치의 시대는 메디치의 시대였기 때문에, 셰익스피어의 시대는 엘리자베스 여왕의 시대였기 때문에 가능했다"라고 말한 바 있다. 문화가 번창하기 위해서는 정치를 비롯해 그를 뒷받침하는 시대적 분위기가 중요하다는 것을 강조한 말이다.

여권 안의 삼단노선, 트라이림

그리스 여권은 고대 아테네가 최강의 해군력을 보유했을 때, 그 주력 선박이었던 삼단노선을 사증 면에 담고 있다. 오늘날에 비유하면 항공모함에 해당할 정도의 선박이다. 당시 보통 배는 노가 1단인데 비해 이 배는 노가 3단이기 때문에 삼단노선Trireme이라고 불렸다. 일반 선박보다 3배 많은 노를 가진 덕분에 쾌속으로 돌격이 가능했고 선두에는 청동 돌출부가 박혀 있어 적선에 충돌해 격파할 수 있었다.

현대 그리스 해군이 복원한 삼단노선 '올림피아스'이다. 부리 부분에 청동 돌출부가 보인다.(출처: 그리스 해군)

한 척당 장정 170명이 탑승해 노를 젓는 이 전함을 아테네는 수백 척 보유하고 있었다고 한다. 당시 에게해 최강의 해군 국가 아테네는 삼단노선 보유 수에서도 다른 폴리스들을 압도했다.

한편 페리클레스보다 한 세대 앞섰던 테미스토클레스는 살라미스 섬 앞에서 이 배를 이용해 페르시아군을 무찔렀다. 승전 이후 삼단노선은 아테네 해군의 주력 군함이 되었다. 훗날 로마가 도로를 통해 제국으로 성장했다면, 아테네는 이러한 해군력을 바탕으로 해상을 장악할 수 있었다.

페리클레스의 후예, 21세기 그리스

그리스의 영광의 시간은 짧았지만 그들의 문명은 로마제국으로 전해져 서양 문명의 원천이 되었다. 서양 문명의 어떤 분야든지 그리스 문명으로부터 영감을 받지 않은 분야가 있을까 싶을 정도다. 철학은 소크라테스, 플라톤, 아리스토텔레스를 통해 서양에 계승되었고 문학은 호메로스의 《일리아드》, 《오디세이》를 시작점으로 발전하였다. 그리스인들이 만든 연극과 원형극장, 파르테논의 건축양식은 세대를 거듭해 모방되었다. 자연과학과 종교, 신화도 후세에게 승계되었다. 제우스는 주피터로, 아테나는 미네르바로 이름만 바뀌었을 뿐, 로마 신화는 그리스 신화의 판박이였다.

그리스인들의 사고방식도 전해졌다. 인간은 유한한 존재이지만 신이 정해준 운명에 순응하지 않고 무한히 도전한다는 사고가 그것이었다. 마라톤과 올림픽도 고대 그리스에 뿌리를 두고 있다. 에게해에 접하는 척박한 땅에서 양서류처럼 살았던 그리스인들이 이처럼 서양 문명의 토양을 비옥하게 한 것은 놀랍다.

그런데 이러한 많은 유산 중에서 빠트릴 수 없는 것은 그리스인들이 남긴 민주주의다. 영국의 윈스턴 처칠은 이런 말을 한 적이 있다. "민주주의는 최악의 정부 형태다. 다만 이제까지 시도된 모든 다른 정부 형태를 빼면 말이다." 처칠의 생각을 빌려 본다면 그리스 사람들은 최고의 정부 형태를 후세에게 남긴 사람들이다. 그리고 그들은 이미 페리클레스의 시대에 처칠의 지혜를 터득한 사람들이다.

현대의 그리스는 상황이 좋지 않다. 경제적으로는 2000년 이후에만 국제 구제금융을 세 번 받을 정도로 어려운 상황을 거쳤다. 그리고 지리적으로 남부 유럽이다 보니 난민들의 유럽행 통로가 되면서 사회적인 어려움도 겪고 있다. 정치적으로는 고대 아테네 이후 이렇다 할 민주주의를 보여주지 못했다. 2017년 〈이코노미스트〉지는 세계 167개국을 대상으로 민주주의 국가 순위를 발표했는데, 그리스는 38위로 집계되었다.

이렇게 21세기의 그리스는 쉽지 않은 환경에 처해 있다. 하지만 '뿌리 깊은 나무는 바람에 흔들리지 않아 꽃 좋고 열매 많다'고 하지 않았던가. 뿌리 깊은 문명의 올리브 나무, 그리스는 지금까지 그래왔듯 앞날을 헤쳐나갈 것이다.

당신의 여권은 얼마짜리인가

아마 세상의 거의 모든 물건에는 가격이 있을 것이다. 그리고 세상의 모든 가격에는 각각의 세부 가격이 있을 것이다. 생산자 가격, 소비자 가격, 원가, 도매가, 소매가, 할인가 등등. 그럼 여권은 어떨까? 여권도 손에 넣기 위해서는 가격을 치러야 하고 그 가격에는 여러 가지 비용들이 섞여 있다.

여권이라는 물건을 최종 소비자인 여권 신청자가 얼마나 부담하면 갖게 되는지 살펴보면, 미국은 신규로 여권을 발급받을 경우 신청자가 145달러를 지불해야 한다. 그 금액 중 국무부가 110달러, 여권 발급 업무 처리 기관이 35달러를 가져가지만, 어쨌든 신청자 입장에서는 145달러다. 상당히 고가인 셈이다.

'Passport-collector'라는 민간 사이트는 다른 나라들의 상황도 소개하고 있다. 그에 따르면 미국 달러 기준으로 일본은 115달러, 한국 50달러, 영국 90달러, 캐나다 128달러, 인도 23달러다. 독일은 70달러 정도다. 캐나다는 유효 기간 5년짜리 기준이며, 유효 기간이나 신청 장소에 따라서 금액이 2배 이상 증가할 수도 있다. 독일도 24세 이상 성인이

32쪽짜리 여권을 신청할 경우이며, 48쪽 여권이면 약 96달러로 가격이 상승한다.

그런데 여권은 일반 물건과 달리 시장의 경쟁 원리가 거의 작동하지 않는다. A국민이 자국 여권이 너무 비싸다고 B국 여권을 소비할 수도 없고, 신규 사업체가 나타나 염가로 여권을 공급할 수도 없다. 오직 국가라는 독점적 공급자만 독점 가격으로 여권을 공급한다.

11

태국

THA

코끼리와 백조와 왕

태국 코끼리와 링컨 대통령

시암(태국의 옛 이름) 국왕이 미국 대통령에게 보낼 편지를 불러준다.

"에이브러햄 링컨 미국 대통령 각하, 코끼리들을 미국으로 보내드릴 테니
그들의 수가 늘어나면 화물 운반에 활용하십시오."

영화배우 율 브리너가 시암 국왕 라마 4세를 연기했던 〈왕과 나The
King and I〉의 한 대목이다. 19세기 시암의 왕 라마 4세, 그의 태자, 그
리고 영국인 가정교사 안나 레오노웬스의 이야기를 담은 1956년 영
화다. 흥행에는 성공한 반면, 태국을 왜곡했다는 비판도 있다. 어쨌든
이 장면에서는 이역만리의 미국을 돕기 위해 코끼리들을 보내겠다는
국왕의 기상천외한 아이디어가 재미있게 그려져 있다. 그런데 이 이
야기는 실제 있었던 일일까, 아니면 영화 속 허구일까?

답은 반반이다. 라마 4세는 서양에는 몽꿋 왕이라는 이름으로 더 잘 알려져 있다. 태국에서 존경받는 국왕 중 한 명이다. 그는 19세기 유럽 열강이 동아시아 국가들을 식민지로 만들기 위해 경쟁하던 시대에 태국을 통치했다. 그런 만큼 독립을 지키려는 그의 고민도 컸다. 아마 그의 기발한 '코끼리 선물' 아이디어도 우호 세력을 늘리려는 고민의 산물이 아니었을까?

몽꿋 왕의 친서는 실제로 1861년 2월에 미국으로 발송되었다. 그런데 영화와 달리, 그가 친서를 보낸 상대는 링컨 대통령이 아니고 전임자 제임스 뷰캐넌 대통령이었다. 국왕의 친서는 미국 대통령들의 임기제를 의식한 듯 '제임스 뷰캐넌 대통령 각하 또는 그의 후임자께'라는 제목으로 시작된다. 국왕은 다음과 같이 제안하고 있다.

"우리는 미국에 코끼리가 살지 않는다는 사실을 알고 코끼리를 선물하려고 합니다. 그 코끼리는 수송용으로 적합할 것입니다. 태국의 젊은 코끼리 한 쌍을 미국으로 보낼 계획입니다. 미국에 도착하면 그 코끼리들은 점점 장성하여 미 대륙에서 개체 수를 늘려갈 것입니다. 다만 태국에는 현재 그들을 수송할 만한 규모의 선박이 없습니다. 만약 각하와 미국 의회가 우리의 제안에 찬성한다면 선박을 보내주시기 바랍니다. 그 선박에는 항해 도중 코끼리들에게 문제가 없도록 건초와 적당한 음식을 적재해야 하고, 충분한 양의 식수도 갖췄으면 합니다. 또한 코끼리들이 배에서 서고 누울 수 있도록 그에 맞는 설비도 갖춘 선박이길 바랍니다. 선박이 제공되는 대로 우리는 한 번에 한 쌍씩 또는 두 쌍씩 코끼리를 보내겠습니다."

당시 태국에서 코끼리는 교통수단은 물론 공사용으로, 또는 전투용으로 폭넓게 사용되는 중요한 동물이었다. 그런데 국왕은 그렇게 요긴한 동물을 미국에 제공하려고 했다. 국왕이 신흥 산업국가인 미국과 우호를 다지려 했다는 점은 그가 이 편지와 함께 보낸 선물에서도 느껴진다. 국왕이 보낸 선물은 총 세 가지였는데 칼, 상아, 그리고 국왕과 공주들이 함께 찍은 사진이었다.

1861년 2월 14일 자로 작성된 국왕의 친서는 지구를 반 바퀴 돌아 이듬해에야 미국에 도달했다. 그사이 미국에서는 정권 교체가 있었고, 후임 대통령이 이 친서를 수령한다. 그가 바로 링컨 대통령이었다.

남북전쟁이라는 비상시국을 맞아 전쟁에 여념이 없었을 링컨, 그는 그 글을 받고 어땠을까? 당황했을까? 아니면 미소를 지었을까? 그것은 알 수 없다. 다만 링컨의 회신은 지금도 남아 있다. "위대하고 좋은 친구께"로 시작하는 그의 편지를 발췌하면 다음과 같다.

"폐하께서 미국 국민에 대한 우정의 표시로 보내주신 친서와 선물을 잘 받았습니다. 선물은 정부 보관소에 영예롭게 영구 보존하겠습니다. 폐하가 미국 영토 내에서 코끼리를 키워보라고 자상하게 제안하신 데 대해, 그 방법이 실용적이면 주저 없이 받아들이겠습니다만 미국의 위도가 높아 코끼리의 번식에 적당치 않다는 점을 말씀드립니다. 그리고 미국은 지상과 수상에서 증기기관을 사용하고 있습니다. 이는 물자 수송에 효율적인 수단이 되고 있습니다. 폐하가 보여주신 우정에 빠른 시일 내 답례를 하고 싶고 신의 가호가 폐하와 태국 국민들께 함께하길 빕니다."

몽꿋 왕이 링컨 대통령에게 보낸 친서. 상단에는 코끼리 모양이 새겨진 시암 국왕의 도장이 찍혀 있다.(출처: 미국 국립 문서기록관리청)

이렇게 몽꿋 왕의 코끼리 선물 제안은 현실로 실현되지 못했다. 그렇지만 편지를 통해 양국 정상 간에 훈훈한 이야기가 오간 것은 양국 관계에 좋은 선례가 되었을 것 같다.

몽꿋 왕 그리고 그의 후손 국왕들

영화 〈왕과 나〉에서 몽꿋 왕은 외부 문물에 관심이 많고 외국어를 잘하는 국왕으로 묘사된다. 영화에서 〈쉘 위 댄스Shall we dance〉라는 곡에 맞춰 박력 있게 춤을 추던 국왕의 모습은 사람들의 기억에 선명하다. 실제 역사에서도 몽꿋 왕은 태국의 과학 기술을 진흥한 군주로 높이 평가받고 있다. 그는 서구에 대한 관심과 함께 서구에 대한 경계심도 잃지 않은 군주였다. 그가 그러한 균형 감각을 갖출 수 있었던 것은 그의 독특한 전력 때문이라고 한다.

그는 원래 왕위 계승권 1위의 적자였지만, 이복형에게 왕위를 빼앗겨 27년간 승려 생활을 했다. 재야에서 보낸 근 30년의 세월은 그에게 많은 경험을 가져다주었다. 그는 많은 사람을 만날 수 있었고, 서양 선교사들도 그들 중 한 부류였다. 그리고 태국의 곳곳을 방문하면서 태국의 현실을 몸소 경험했다. 그런 그가 왕위에 오르자 태국은 변화하기 시작했다. 그리고 그의 아들 쭐랄롱꼰 국왕에 이르면 태국은 근대화와 개방화를 꽃피우게 된다.

쭐랄롱꼰 국왕이 왕실 바지선 쑤판나홍호에 타고 있는 모습.

한편 쭐랄롱꼰 국왕은 태국을 42년간 통치한 인물이다. 그는 1853년 몽꾸 왕의 아들로 태어났는데 부왕은 그에게 유럽인 가정교사를 붙이는 것을 비롯해 폭넓은 교육 기회를 부여했다. 그는 재위 기간 중 영국와 프랑스의 압박 속에서도 태국의 독립을 지켜냈다. 그는 지식인과 왕족들의 유학을 장려했고 1905년에 노예제를 폐지했다. 그 전까지 국민의 3분의 1이 노예였기에, 그의 노예 해방령은 많은 국민들의 소속감을 높였다. 또한 이 국왕은 교통, 행정, 사법, 우편, 철도 등을 정비하여 태국 근대화에 기여했다. 태국 최고의 대학인 쭐랄롱꼰대학교가 그의 이름을 땄다.

그 이후의 국왕들과 특별한 국왕의 지위

태국의 현 왕조인 차크리 왕조는 1782년 라마 1세 차크리 국왕이 왕조를 개창한 이래로 지금까지 총 10명의 국왕이 통치해오고 있다. 2016년 10월에 서거한 라마 9세 푸미폰 국왕은 제2차 세계대전 직후인 1946년에 즉위하여 70년간 태국을 통치했다. 그가 서거했을 때 태국 국민들 사이에 일어난 애도의 물결은 대단했다. 추모 기간 중 국민들이 검은색 차림을 하다 보니 검은색 옷감이 동날 정도였다고 한다. 한편 현 국왕 라마 10세 마하 와치랄롱꼰은 아버지의 대를 이어 재위 중이다.

태국에서 국왕의 위치는 특별하다. 국왕의 칭호로 쓰이는 '라마'라는 단어는 인간의 모습으로 현신한 신을 뜻하는 종교적 용어다. 게다

1905년 노예 해방령을 선포하는 장면이 실린 태국 화폐 100바트화.(출처: 태국중앙은행)

가 태국 형법 112조에 의하면 국왕, 왕비, 왕세자, 섭정의 명예를 훼손할 경우 3년에서 15년까지 징역형을 가할 수 있다. 물론 태국의 국왕이 절대군주는 아니다. 20세기 초반 절대왕정에서 입헌군주제로 바뀌었기 때문에 오늘날의 국왕은 과거에 비해 제한적 권력만 행사하고 있다.

여권에 표현된 국왕의 상징, 왕실 바지선

태국의 이러한 국가적 특성을 반영하여 태국 여권에는 국왕과 관련된 디자인이 두드러진다. 먼저 왕실 바지선Royal Barges을 볼 수 있다. 보통 바지선이라고 하면 화물이나 골재를 가득 싣고 예인선에 끌려가는 평저선을 떠올리기 쉬운데, 태국 왕실의 바지선은 그와는 거리가 멀다. 화려함의 극치를 보여주는 이 선박들은 수백 년의 역사를

여권의 첫 이미지는 쑤판나홍호의 모습이다. 뱃머리에 전설의 백조 '홍'의 머리와 목을 쓰고 있다. 부리에 늘어진 실 묶음 장식은 국왕이 배에 타고 있다는 표시다.

자랑한다.

태국 여권의 겉표지 안쪽 면에 보이는 그림은 태국 왕실 바지선 중 가장 유명한 쑤판나홍호Suphannahong다. 이 배는 미와 영예를 상징하며 기적을 예견하는 능력까지 가지고 있다는 전설의 백조 '홍'을 모델로 했기 때문에 황금 백조 또는 불사조라고도 불린다. 쑤판나홍호는 그전에도 같은 이름의 배가 있었지만 쭐랄롱꼰 국왕 때 현 선체를 건조하였다. 그런데 그는 배의 완성을 보지 못했고 그의 아들 라마 6세의 치세인 1911년 11월 13일에 진수되어 오늘에 이르고 있다. 100세가 넘은 셈이다.

전장 46미터, 무게 15톤에 이르는 이 배는 50명의 노잡이를 비롯

쑤판나홍호의 모습.(출처: Lerdsuwa)

해 키잡이, 구령자, 기수 등 총 66명의 승무원이 탑승한다. 그리고 배
에 설치된 천막 정자에는 국왕과 가족이 탑승한다. 놀라운 사실은 뱃
머리 장식을 제외하고 선체 전체가 나무 한 그루를 그대로 써서 만들
었다는 점이다. 티크목Teakwood이라는 수종의 나무다.

왕실 바지선 강상 행렬

태국은 국가적으로 크게 기념할 일이 있을 때 왕실 바지선들의 강상
江上 행렬을 벌인다. 이 의식은 약 700년 전부터 행해졌다고 한다. 국
가의 중요한 경사로는 국왕 즉위식과 같은 왕실의 기념식, 대형 국제
행사, 그리고 승려들에게 새로운 법복을 증정하는 의식 등이 있다.

행렬은 와수크리 선착장을 기점으로 짜오프라야강을 따라 왓 프라
깨우(일명 에메랄드 부처 사원), 태국 왕궁, 왓포 사원 등을 경유하고 최종
적으로 왓 아룬(일명 새벽 사원)에서 4.5킬로미터에 달하는 수상 퍼레이
드를 마친다. 이러한 왕실 바지선 강상 행렬은 쉽게 접할 수 없는 행

사이다. 전임 푸미폰 국왕 시대의 경우 재임 70년 기간 동안 16번만 행렬이 있었다. 평균 4년 이상을 기다려야 한 번 볼 수 있는 행사인 셈이다.

행렬이 벌어지면 수도 방콕을 흐르는 짜오프라야강 위에는 총 52척의 선박이 대열을 지어 이동한다. 중앙에는 네 척의 왕실 바지선이 위치하는데, 48척에 이르는 중소 바지선들의 호위를 받는다.

네 척의 왕실 바지선들을 행렬의 순서대로 살펴보면, 맨 처음은 아넥카차푸총호Anekkachatphuchong가 위치한다. 이 배는 라마 4세 몽꿋 왕 때 처음 건조되었는데 당시 선박은 사라지고, 같은 이름으로 1914년에 건조된 배가 현재에 이르고 있다.

가장 오른쪽에 전시된 선박이 아넥카차푸총호이다. 뱃머리에 눈에 띄는 상징물이 없는 것이 특징이다.

가장 최근에 건조된 나라이 송 수반호의
모습이다. 날개 달린 가루다를 힌두교의
주신이 타고 날아가는 모습이 뱃머리에
조각되어 있다.(출처: Lerdsuwa)

두 번째는 앞서 보았던 쑤판나홍호이고, 세 번째 왕실 바지선은 나라이 송 수반호Narai Song Suban이다. 왕실 바지선으로는 푸미폰 국왕의 치세 70년 중 유일하게 건조된 배다. 태국 해군과 태국 정부 예술부가 제작하여 1996년 진수했다. 선박의 이름은 힌두교의 주신인 나라야나(비슈누의 또 다른 이름)에서 따왔다. 뱃머리는 나라야나가 가루다를 타고 날아가는 형태로 조각되었다.

마지막은 아난타 나가라지호Ananta nagaraj이다. 라마 3세 때 처음 건조하여 라마 4세 몽꿋 왕이 대장선으로 썼던 배다. 현재의 배는 1914년에 진수한 다른 선체다. 이 배의 뱃머리에는 7마리의 뱀이 새겨져 있는데, 이는 독사의 왕 아난타를 형상화한 것이다. 왕실 바지선 4척 중 유일하게 중앙에 천막 정자가 없고, 그 대신 신성한 물건을 거치하는 제단이 있다.

이 왕실 바지선들은 모두 전장이 40미터를 넘고 무게가 15톤을 넘는 대형 바지선들이다. 원래 이러한 바지선들은 전시에는 군함으로도 사용되었다고 한다. 지금은 정치적, 종교적 의전에만 사용되고 있다. 태국은 평소에는 바지선들을 국립 왕실 바지선 박물관에 전시하고 있다. 8척이 최대 수용 한계라서 위에 소개한 4척의 왕실 바지선 등 중요 선박만 보관하고 나머지는 다른 장소에 분산해놓고 있다. 또한 바지선들은 부패를 방지하기 위해 물에서 들어내 보관하고 있다.

여권에 표현된 국가의 상징, 코끼리

오늘날 태국에는 수천 마리의 코끼리가 살고 있다. 일부는 야생 코끼리이고 일부는 사람들이 길들였다. 특히 길들여진 코끼리는 관광용으로 많이 길러진다. 코끼리는 태국이 시암으로 불리던 때에는 국기에까지 새겨졌을 정도로 태국인들에게 친밀한 존재다.

그중에서도 흰색 코끼리는 상서로운 존재로 여겨져 왕실의 사랑을

태국 왕궁 앞 '핑크 코끼리 동상'이다. 흰색 코끼리는 이름과 달리 실제로는 약간 붉은 색이 돌아서 '핑크 코끼리'로도 불린다.(ⓒ CE photo, Uwe Aranas)

받는다. 2016년에 있었던 국왕 장례식 때도 왕실 소유의 흰색 코끼리 11마리가 모두 조문 행렬에 동원되었다. 이렇게 태국을 대표하는 동물인 코끼리는 태국 여권의 마지막 장에 표현되고 있다.

여권에 표현된 국가의 상징, 가루다

태국을 상징하는 또 하나의 이미지가 있는데 '가루다'다. 태국은 국민의 90퍼센트 이상이 불교 신자일 정도로 대표적인 불교 국가다. 이를 상징하여 여권에는 가루다의 모습이 그려져 있다. 가루다는 상상의 동물로서 불교뿐 아니라 힌두교에서도 신성한 동물로 취급된다.

태국 등 아시아 상당수 국가들의 불교는 힌두교의 요소가 융합되어 있다.

전설에 따르면 가루다는 머리가 좋고 사회성도 좋은 커다란 새다. 동양의 용과 서양의 켄타우로스 같은 상상의 동물들이 그렇듯이 가루다도 여러 생물이 혼합된 형태다. 머리와 부리, 그리고 날개 부분은 독수리 모양이고 몸통은 사람의 형상을 취하고 있다. 반인반조半人半鳥의 모습인 것이다. 가루다는 몇 킬로미터에 달할 정도로 긴 황금 날개를 가지고 있어서 가루다가 한 번 날개를 펄럭이면 태풍과 같은 바람이 분다. 자기 뜻대로 몸의 크기도 조절할 수 있다. 또한 나타났다 사라졌다를 자유자재로 한다.

태국은 이러한 가루다를 국가 문장으로 쓰고 있다. 그 모습은 태국

태국여권 겉표지에는 가루다가 표현되어 있다.(출처: passportindex.org)

여권의 표지와 내부 페이지에서 확인할 수 있다. 태국 외에도 가루다를 국가 문장으로 쓰는 나라로 인도네시아가 있다. 태국의 가루다가 사람 쪽에 더 가깝게 묘사되어 있다면 인도네시아의 가루다는 새 쪽에 더 가깝게 그려진다. 인도네시아에 서식하는 고유종의 독수리를 그 형태에 응용했기 때문이라고 한다. 인도네시아의 항공사 '가루다 인도네시아'에서도 그 모습을 볼 수 있다.

자유의 나라, 태국

어느 나라나 그렇듯이 태국에도 어두운 면이 있다. 외신들은 무엇보다 부의 편중과 잦은 군부 쿠데타를 문제로 지적한다. 보도에 따르면 태국은 인구의 0.1퍼센트가 전체 부의 50퍼센트를 점할 정도다. 미국보다도 부의 편중이 심한 것이다. 또한 입헌군주정이 된 1932년 이후 현재까지 군부 쿠데타는 성공 12차례, 실패 7차례 등 총 19번이 있었다.

하지만 태국은 동남아시아의 11개 국가 중에서 유일하게 식민 지배를 받지 않았기 때문에 역사에 대한 자부심이 강하다. 그리고 동남아 국가들 중 소규모 국가들을 제외하면 1인당 국민소득 면에서 상위권을 점하고 있다. 그만큼 경제적 자부심도 강하다. 정치적인 측면에서 보면 국민들은 폭넓은 자유를 누린다. 그들은 외부 세계의 변화에 민감하게 대처했고 자체적으로 나라의 근대화에 힘썼다.

태국의 정식 국호인 타이 왕국Kingdom of Thai에서 '타이'는 자유를

뜻한다고 한다. 자유는 인류가 보편적으로 추구해온, 그리고 염원해
온 소중한 가치다. 태국이 지금까지 독립과 스스로의 문화적 전통을
지켜왔듯이 자유라는 가치도 계속 이어가기를 바란다.

여권도 전화기의 길을 걸을까

2001년 미국에서 일어난 9·11 테러는 여권에도 영향을 미쳤다. 전자여권E-passport이 출현했던 것이다. 앞서 말한 기계판독여권이 여권의 가시적 변화였다면, 이번에는 눈에 보이지 않는 부분에서 일어난 변화였다. 물론 전자여권도 기계판독여권이지만, 전자적 요소가 추가되었다는 것이 다르다.

전자여권에는 전자 칩이 삽입되어 있다. 그리고 그 전자 칩에는 여권 소지자의 얼굴 사진과 신분 정보(기계판독부위의 정보)가 담겨 있다. 독일 전자여권처럼 이에 더해 지문까지 들어 있는 경우도 있다. 어쨌든 전자여권은 보안성을 크게 높였다. 이제 여권에 인쇄된 정보를 지우고 자신이 원하는 정보를 덧씌워 그 여권을 '재활용'하는 일은 어려워졌다. 여권의 외관을 변조한다고 하더라도 칩의 정보는 손대기 어렵기 때문이다. 전자여권은 여권의 지면에 다양한 인쇄 방법을 사용했던 아날로그적 보안의 시대를 넘어 디지털 영역에서 보안을 추구하는 시대가 열렸음을 알려주는 물건이다.

전자여권은 이렇게 내용적으로는 큰 차이가 있지만 그

외형은 여전히 기존 여권과 비슷하다. 두께가 약간 두꺼워진 것이 차이라면 차이다. 전자 칩과 안테나가 들어가 있기 때문이다.

전자여권은 현재 120여 개국에서 발행되고 있다. 여권의 표지를 보면 전자여권인지 여부를 금방 알 수 있다. 길쭉한 직사각형 두 개와 그 가운데에 동그라미가 표시된 로고가 있기 때문이다. 우리나라의 경우 2008년부터 전자여권으로 발행되고 있으므로 지금 대부분의 한국 여권은 전자여권이다.

전자여권은 여권을 종이 문서로 봐야 하는지, 일종의 전

일반여권(왼쪽)과 전자여권(오른쪽)의 모습.

자 제품으로 봐야 하는지 의문을 들게 한다. 마치 전화에서 출발했던 스마트폰이 지금은 전화인지, 컴퓨터인지 헷갈릴 지경이 된 것처럼 말이다. 이제 여권도 이와 비슷한 길을 가는 듯하다.

12

인도

IND

아소카왕이 남긴 흔적들

인도를 찾는 사람들

1959년 2월 마틴 루터 킹 목사가 인도 뉴델리 공항에 도착했다. 그리고 5주간 인도에 머물렀다. 그리고 그는 귀국길에 이렇게 말했다.

"비폭력 저항운동에 대한 믿음을 더욱 굳히게 되었습니다. 비폭력 저항이야말로 억압받는 사람들이 정의와 인간의 존엄성을 찾기 위해 선택할 수 있는 가장 강력한 무기라는 믿음입니다."

1968년 2월 영국 출신의 젊은이들이 명상에 집중하고 있었다. 이미 세상을 떠들썩하게 만든 네 명의 남자는 히말라야산맥 아래 수도원에서 세상과의 단절을 즐기고 있었다. 그들은 틈틈이 기타를 치고 때때로 영적인 강의에 귀를 기울였다. 새로운 노래를 10곡 이상 작곡한 멤버도 있었다. 밴드 비틀스의 이야기다.

1974년 4월 뉴델리 공항, 아직 스무 살이 될까 말까 한 미국 젊은이가 인도에 입국했다. 그는 힌두교의 성자를 찾아왔지만 성자는 이미 타계한 뒤였다. 그는 설상가상으로 비위생적인 환경 탓에 이질에 시달려야 했다. 72킬로그램이던 체중은 일주일 만에 54킬로그램이 되었다. 그래도 그는 7개월 동안 인도를 돌아다녔다. 그 젊은이의 이름은 스티브 잡스였다.

인도에는 뭔가 특별한 것이 있다?

인도에는 무엇이 있기에 유명인들이 찾는 것일까? 고대에는 신라 승려 혜초와 중국의 승려 법현, 현장이 인도를 찾았다. 현대에도 이와 비슷한 '순례'가 이어진다. 유명인만이 아니다. 평범한 배낭여행자들에게도 인도는 필수 코스처럼 되어 있다.

왜 그럴까. 강력한 영감의 원천? 히말라야 기슭의 휴식처? 글쎄, 모를 일이다. 분명한 건 인도에서 세계적인 종교인 힌두교와 불교가 탄생했다는 것이다. 정신적, 종교적으로 상당히 특별한 나라라고 볼 수 있겠다.

인도는 이렇게도 특별한 나라이지만, 인도의 여권은 매우 단순하다. 인도 여권에서는 한 가지 이미지가 모든 페이지에 반복된다. 바로 사자 세 마리로 이뤄진 이미지다.

인도의 국가 문장, 아소카왕의 돌기둥에서 비롯되다.

2008년 아카데미상 8개를 수상했던 영화 〈슬럼독 밀리어네어Slumdog Millionaire〉는 현대 인도를 그린 영화다. 빈민가에서 고아로 자라난 주인공은 TV 퀴즈쇼에 출연한다. 그러던 중 그는 '인도에선 어린아이도 안다'는 문제를 만난다.

(질문) 인도의 국가 문장에는 세 마리의 사자가 그려져 있습니다. 그 사자들의 아래에는 무슨 말이 써져 있을까요?

(A) 진실만이 승리한다.

(B) 거짓만이 승리한다.

(C) 패션만이 승리한다.

(D) 돈만이 승리한다.

빈민가에서 교육을 받지 못한 채 자라온 주인공이 문제를 풀었을까? 줄거리는 영화에 맡기고 본론으로 돌아와 여권에 새겨진 이미지를 살펴보자.

인도의 국가 문장은 얼핏 봤을 때 매우 간단한 디자인이다. 하지만 이러한 형태가 품고 있는 의미는 그리 간단치 않다. 이 상징은 무려 기원전 3세기로 그 유래가 올라간다.

여기 보이는 사자들의 모습은 아소카왕의 돌기둥에서 따온 것이다. 아소카왕은 인도 역사상 최초로 통일국가를 이룬 제왕이다. 그는

국가 문장인 사자상의 모습. 입체 조형물을 평면 도 안으로 옮기면 사자는 세 마리만 보이므로, 국가 문 장에도 사자는 세 마리만 보인다.

재위 기간이었던 기원전 265년부터 기원전 238년까지 인도 전역에 석가모니를 기념하는 돌기둥을 세웠다. 특히 그가 사르나트Sarnath 지 방에 세운 돌기둥 꼭대기에는 사자 4마리가 조각되어 있다.

돌기둥이 세워진 사르나트 지역은 불교 4대 성지의 하나다. 여기 서 4대 성지는 석가모니가 태어난 룸비니, 깨달음을 얻은 부다가야, 처음으로 설법한 사르나트, 80세에 열반한 쿠시나가라를 일컫는다. 그중에서도 인도의 북동부에 있는 사르나트 지역은 석가모니가 29 세에 출가하여 6년 동안 수행하다가 명상을 통해 깨달음을 얻은 뒤, 최초로 불법을 설교했던 곳이다.

아소카왕은 이러한 의미를 살려 사르나트에 15미터 높이의 돌기둥 을 세웠다. 그리고 기둥 꼭대기에는 네 마리 사자들을 새겼다. 그 사

사자상의 실물이다. 이 사자상은 다른 어느 사자상보다 섬세하다고 평가되며 현재는 기둥에서 내려져 사르나트 박물관에 별도 보관되고 있다.

자들은 동서남북을 바라보는 형태를 취하고 있는데 이러한 구도는 아소카왕의 지배력이 사방에 미친다는 뜻이기도 하고, 부처의 가르침이 사방으로 퍼진다는 의미이기도 하다.

수레바퀴와 네 마리 동물

사자가 딛고 있는 받침대에는 네 개의 수레바퀴가 있다. 그림은 실물을 평면으로 옮겼기 때문에 수레바퀴가 한 개만 보인다. 어쨌든 수레바퀴라는 상징은 고대 인도인들이 쓰던 동그란 모양의 투척 무기 '차크라'에서 비롯되었다. 또 '전차의 바퀴'를 나타낸 것이기도 하다. 아소카왕의 수레바퀴라는 뜻에서 '아소카 차크라'로 불리는 이 모양은

인도의 국기 중앙에도 파란색 아소카 차크라가 보인다. 인도는 독립국가로 새롭게 출발하면서 평화와 통합의 정신에 중심을 맞췄다. 이를 반영해 아소카왕의 상징이 1947년 7월 22일 국기에 채택되었다.

'움직임'과 '세상의 변화'를 상징한다. 그리고 장애물을 극복하고 먼 곳까지 도달한다는 의미에서 '초월'을 상징하기도 한다.

아소카 차크라는 불교적 의미도 담고 있다. 불교에서는 부처가 설법하는 것을 '진리의 수레바퀴를 돌린다'라고 표현하는데, 그 설명에 따르면 부처가 돌리는 진리의 수레바퀴인 법륜法輪은 멈춤이 없고 이 세상에서 닿지 않은 곳이 없다. 또 법륜이 굴러가면 그 앞에 놓인 세속적인 가치들은 모두 부서진다고 한다. 그래서 아소카왕은 부처가 법륜을 처음으로 돌린 사르나트를 초전법륜初轉法輪의 성지로 기념하여 돌기둥을 세운 것이다.

한편 수레바퀴 옆에는 네 마리 동물이 새겨져 있다. 사진에는 황소와 말만 보이지만 코끼리와 사자도 있다. 불교에서 이 동물들은 석가모니의 시기별 삶을 상징한다. 먼저 코끼리는 마야 부인이 코끼리 태몽을 꾼 후 석가모니를 낳았다는 점에서 그의 출생을 상징하고, 황소는 석가모니가 왕자이던 시절에 가졌던 욕망을, 말은 그가 왕궁을 뛰쳐나와 출가하던 순간을, 그리고 백수의 왕인 사자는 그가 최종적으로 도달한 성취를 상징한다. 이 동물들은 모두 정지한 것이 아니라 움직이는 모습으로 표현되어 있어 석가가 각 단계에 법륜을 돌린다는 역동성을 나타낸다.

사자상 아래에 쓰인 문구는 앞서 퀴즈로 나왔던 문구로서 '진실만이 승리한다'는 힌디어 문구다. 인도의 공식 표어인 이 문구는 고대 인도 경전에 나오는 말이다. 인도는 1947년 영국으로부터 독립한 후 1950년에 공화국으로 새로 출발했다. 인도는 당시 이 문구를 사자들과 함께 인도의 상징으로 선택하였다. 이 문구는 현재 인도의 화폐에도 표시되어 있다.

아소카왕이 평화의 군주가 되기까지

아소카왕은 인도인들이 가장 존경하는 왕의 한 사람이다. 우리나라 역사에서 보자면 광개토대왕과 세종대왕을 합친 인물이라고 한다. 그는 재위 기간의 전반에는 광개토대왕처럼 영토를 확장했고, 후반에는 세종대왕처럼 문화를 육성했다. 불교를 보급했던 시기는 재위 후반이다.

그의 생애에 대해 전해오는 이야기는 다음과 같다. 원래 아소카는 후계 서열상 왕이 될 수 없는 사람이었지만, 부왕이 죽자 형제들을 피 비린내 나는 싸움에서 물리치고 국왕으로 즉위하였다. 이 야심만만한 왕은 집권 초기, 대대적인 정복 전쟁을 벌였고 인도의 남부를 제외한 인도 전역을 통일했다. 그의 왕국은 현대 인도의 영토보다도 더 넓었다고 하니 대단한 규모였던 모양이다. 인구는 5,000만 명, 군대는 보병 60만 명, 기병 3만 명, 전투용 코끼리가 9,000마리였다고 한다.

한편 아소카왕은 즉위 8년째에도 정복 전쟁을 계속 벌여 인도 중동부에 위치한 칼링가왕국(현재의 오리사주)을 정복했다. 그런데 이 전쟁은 그의 인생에서 일대 전환점이 된다. 자신이 일으킨 전쟁으로 수십만 명이 살육당하고 수많은 이재민이 발생하는 모습을 직접 목격하면서 그는 삶의 방향을 완전히 바꿨다.

아소카왕은 정복 전쟁을 거기서 멈췄다. 대개 정복자들이란 죽을 때까지 세력 확장을 멈추지 않는 법인데 아소카왕의 변화는 이례적이었다. 그는 나머지 재위 기간을 불교 전파에 바쳤다. 자신의 외동딸인 공주와 왕자를 스리랑카에 포교단으로 파견했고, 마케도니아 같은 남유럽과 중동 지방에까지 포교단을 파견했다. 물론 인도의 동쪽 이웃 나라들도 포교의 범위에 들어왔다.

변화한 아소카왕은 복지와 평화주의도 실천했다. 그는 백성들을 위해 우물을 파고, 병원을 지었으며, 고대에는 특히 쉽게 소외되었던 여성들까지 교육을 받을 수 있게 힘썼다. 그리고 축제 때 동물을 대량으로 희생시키던 관행을 고쳐 최소한의 살생만 하도록 법을 바꾸었다. 그간의 삶을 생각하면 믿기지 않는 변화였다.

그는 자신의 생각을 널리, 오랫동안 알리고 싶었다. 그래서 자신의 업적과 생각을 인도의 여러 곳에 새겼다. 바위와 동굴 벽이 그 조각의 공간이 되었고 특별히 중요한 지점에는 돌기둥을 세워 기둥 표면에 조각을 남겼다. 이렇게 해서 전국에 아소카의 칙령Edicts of Ashoka 33개 비문이 완성되었다. 이 기록 덕분에 우리는 그의 시대와 만나고 있다.

그의 극적인 변화를 담은 비문

아소카왕이 남긴 기록 중에는 그가 칼링가왕국 정복 이후 보여준 극적인 변화를 증명하는 기록도 있다. 아소카왕이 다르마Dharma, 즉 도덕적 행동 윤리를 이야기하는 대목인데, 오늘날 13번으로 번호가 매겨진 대형 바위 비문이 바로 그것이다. 다음과 같은 문장이다. 참고로 모든 비문에서 아소카왕을 '신들이 보우하는 자이자 국왕인 피야다시'라고 표기하고 있다. 여기서는 반복을 피하기 위해 이 문구를 '국왕'이라 약칭했다.

"즉위 8년째 되었을 때 신들이 보우하는 자이자 국왕인 피야다시는 칼링가를 정복하였다. 그 전쟁으로 15만 명은 피난민이 되었고, 10만 명은 죽임을 당했으며, 그보다 더 많은 사람이 끝내 죽었다. 칼링가를 병합한 후, 국왕은 다르마를 행하고, 다르마를 갈망하고, 다르마를 가르쳤다. 국왕은 칼링가를 정복했을 때 후회하였다. 한 국가가 정복될 때 발생하는 살육과

죽음, 피난민들의 존재가 국왕의 마음을 슬프게 했기 때문이다. 국왕은 너무 마음이 무거웠다. 국왕의 마음을 더욱 슬프게 하였던 것은 거기 살던 사람들이 브라만이거나 다른 종파이거나 또는 일반 가정의 가장이거나를 막론하고 모두가 폭력과 살인, 이별의 고통을 겪는다는 점이었다."

(중략)

"국왕인 내가 이와 같이 다르마의 비문을 남기는 이유는 나의 아들 그리고 미래의 자손들이 새로운 정복을 꿈꾸지 말도록 하기 위함이다. 그리고 어떠한 승리를 얻더라도 인내와 가벼운 처벌만으로 만족하라고 이르기 위해서이다. 나의 자손들은 다르마에 의한 정복만을 참된 정복이라 생각하기 바란다. 그리고 다르마 안의 기쁨만을 온전한 기쁨이라고 생각해야 한다. 그것이야말로 이 세상과 내세 모두에서 가치 있는 것이기 때문이다."

기독교에 콘스탄티누스, 불교에 아소카

서양사에서는 기독교가 중동의 지역 종교에서 벗어나 세계 종교가 될 수 있었던 계기로 로마제국 콘스탄티누스 황제의 역할을 이야기한다. 콘스탄티누스는 예수의 사후 약 200년간 로마제국에서 박해받고 있던 기독교 신앙을 허용했다. 그 후 로마에서는 기독교가 로마제국의 국교로까지 승격되었고 제국의 구석구석까지 전파될 수 있었다. 그래서 콘스탄티누스는 기독교의 확산에 결정적인 단초를 제공한 군주로 꼽힌다.

아시아로 눈을 돌려 불교에서 이런 군주를 찾는다면 단연 아소카왕이다. 불교는 그의 덕분에 인도 북부 지방의 지역 종교에서 탈피해 아시아 전역으로 전파되었기 때문이다. 심지어 아소카왕이 남긴 유적 덕분에 석가모니의 존재가 증명되기도 했다. 이 이야기는 현재는 네팔 영토인 인도의 룸비니에서 발견된 아소카왕의 돌기둥과 관련이 있다.

사실 1800년대까지는 많은 사람이 석가모니를 실존 인물로 믿으려 하지 않았다. 그러나 1896년 독일의 고고학자 알로이스 퓌러가 룸비니 지역의 폐허 속에서 아소카왕의 돌기둥을 발견하면서 이러한 불신이 사라졌다. 돌기둥에 각인된 문자들을 해석한 결과 아소카왕이 기원전 249년에 룸비니를 방문하였다는 것이 밝혀졌고 석가모니가 기원전 623년에 룸비니에서 탄생한 것을 기념하여 국왕이 그 내용을 돌기둥에 기록했다는 사실도 드러났다.

돌에는 그 외에도 국왕이 룸비니 지역을 우대하여 이곳 주민들에게 토지세를 면제하고 공납을 경감하라는 명령을 내린 사실도 각인되어 있었다. 한편 유네스코는 돌에 각인된 아소카왕의 기록과 룸비니의 유적을 종합한 결과 룸비니를 석가모니의 실제 탄생지로 공인하고 있다.

아소카왕의 상징이 왜 현대 인도의 상징이 되었나?

불교는 인도에서 탄생했지만 신기하게도 현대 인도에서 불교의 비중은 미미하다. 인도의 인구별 종교 분포를 보면 힌두교가 80퍼센트,

이슬람교가 14퍼센트를 점하고, 기독교 2퍼센트, 시크교 2퍼센트, 불교 1퍼센트 순이다. 불교는 존재 자체가 미미한 수준이다. 그런데도 인도는 불교를 전파했던 군주의 상징을 국가 문장으로 선택했다. 어떤 배경이 있는 것일까?

여기에는 인도 공화국의 초대 총리를 맡았던 자와할랄 네루의 영향이 컸다. 그는 아소카왕을 매우 존경했다. 딸의 이름에 아소카왕의 이름을 넣어 지을 정도였다. 그 딸의 결혼 전 이름은 인디라 프리야다르시니 네루인데, 프리야다르시니Priyadarshini가 아소카왕을 뜻한다. 앞서 비문에 나오던 피야다시Piyadassi와 같은 말이다.

한편 이 딸은 간디 성을 가진 남성과 결혼해 인디라 간디가 되었고, 아버지를 이어 인도의 총리가 되었다. 그 후 그녀의 아들 라지브 간

네루 캡을 쓴 오른쪽 남자가 자와할랄 네루 초대 총리이고 왼쪽은 그의 딸 인디라 프리야다르시니 간디다.

디도 총리에 선출되면서 가문의 3대가 총리가 되었다. 2019년 총선에서는 인디라 간디의 손자이자 라지브 간디의 아들인 라울 간디가 현 모디 총리에게 도전할 예정이다.

아소카왕을 높게 평가한 이는 네루만이 아니었다. 반영 독립운동을 이끌었던 인도의 여러 지도자들도 마찬가지였다. 그들은 아소카왕의 치세가 신생 인도 공화국이 가야 할 길을 보여주었다고 생각했다. 특히 인도가 영국이라는 제국주의에 지배당했던 대표적 식민지였다는 점이 지도자들의 이런 생각을 강화했다.

아소카왕은 힘이 있어도 그 힘을 약자를 정복하는 데 쓰지 않았고 문화 전파에 썼다. 그리고 그는 인간에 대한 비폭력을 실천하고 동물의 생명을 존중한 평화주의자였다. 그 외에도 있었다. 아소카왕의 존재는 식민지 시절 영국이 '인도인들은 국민성이 분열적이어서 자체적으로는 통일을 이룰 수 없다'고 말한 데 대한 역사적 반증이었다. 아소카왕은 통일 인도의 군주였기 때문이다.

그리고 무엇보다도 아소카왕은 포용의 상징이었다. 그는 불교도로 알려져 있지만 타 종교의 가르침에 대해서도 적대적이지 않았다고 한다. 이러한 점들은 다인종, 다종교, 다언어의 토대 위에서 새로 출발하려는 인도에 절실한 상징이었다.

인도 여권

인도 여권의 겉표지는 검은색(어두운 청색) 바탕에 인도의 국가 문장이 새겨진 형태다. 맨 위에는 힌디어와 영어로 여권이라고 표시되어 있다. 인도는 힌디어를 주된 공식어로, 영어를 보조적 공식어로 쓰고 있으므로 인도 여권도 이를 반영하여 두 언어를 그 순서대로 표기한다. 이와 같은 표기 방식은 여권의 내부 페이지에서도 그대로 유지되고 있다.

참고로 여권에는 2개 언어이지만 인도 지폐에는 17개 언어가 쓰여 있다. 인도가 다언어 사회임을 말해준다. 그 17개 언어는 힌디어, 영어, 아삼어, 벵골어, 구자라트어, 칸나다어, 카슈미르어, 콘칸어, 말라얄람어, 마라티어, 네팔어, 오리야어, 펀자브어, 산스크리트어, 타밀어, 텔루구어, 우르두어다.

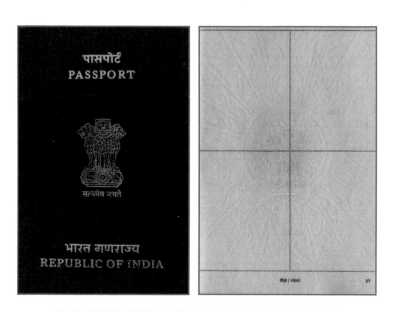

인도 여권 표지와 인도 여권의 사증 면. 페이지의 가운데에 아소카왕의 사자상이 반복된다.

여권 겉표지의 중앙 부위에 위치한 국가 문장을 보면 사자 3마리와 아소카 차크라를 확인할 수 있다. 그리고 국가 문장의 아래에는 '진리만이 승리한다'는 힌디어 표어가 쓰여 있다. 맨 하단에 쓰여 있는 문자는 힌디어와 영어로 '인도 공화국'이다.

한편 인도 여권의 내부 페이지는 앞서 말했듯이 디자인이 모두 동일하다. 아소카왕의 사자상이 반복된다.

인도는 지금 몇 살인가

인도는 오래된 나라다. 만약 '국가의 연령'이란 것이 있다면 인도는 몇 살쯤 될까? 태고에 티베트 고원에서 발원한 물이 아라비아해로 흘러나가며 인더스강을 이루었다. 그리고 그 강 유역에서 문명이 피어났다. 기원전 2500년경의 일이다. 나라 이름도 인더스강에서 나왔고, '힌두'라는 종교 명칭도 인더스에서 파생되었다. 따라서 인도의 나이는 4,518세쯤 된다고 할 수 있겠다.

그러나 오늘날의 인도는 분명 젊은 나라다. 1947년 영국으로부터 독립하여 1950년에는 공화국으로 출범하였다. 그전에 제국이나 왕국, 토후국의 형태로는 존재했지만 공화국으로서 인도는 새롭게 출발했다. 경제적으로도 마찬가지다. 인도 경제는 1991년 심각한 외환위기를 겪은 후 시스템을 전면 변경했다. 기존의 보호주의 정책을 버리고 시장 자유화를 선택했다. 정치와 경제 체제로 보자면 인도는 아직 청년인 셈이다.

오늘날 인도가 보여주는 활력도 굉장하다. 2014년 인도는 자체 제작한 우주선 망갈리안을 화성 궤도에 진입시켰다. 이 일은 미국, 유럽연합, 러시아만 성공했던 일인지라 세계는 인도의 과학 기술에 놀랐다. 게다가 모디 총리가 "망갈리안 제작비는 할리우드 영화 〈그래비티〉의 제작비보다 적었다"라고 밝혔을 때 사람들은 더욱 놀랐다.

인적 자원도 빼놓을 수 없다. 구글의 대표 선다 피차이를 비롯해 인도 사람들은 글로벌 기업에서 큰 역할을 하고 있다. 인구 구조도 젊다. 각국 국민들의 평균 나이를 따질 때 일본이 47.3세, 독일이 47.1세인 데 반해 인도는 27.9세다. 노동력 측면에서 인도가 역동성을 보유하고 있다는 지표다.

나마스테 인도

이처럼 인도는 굉장한 과거와 현대를 가진 나라다. 인도는 앞으로 어떤 변화를 겪을까? 인도 국가의 작사자이자 노벨 문학상 수상자인 시인 타고르는 자신이 그리는 인도의 모습을 이렇게 노래했다.

마음에 두려움이 없고, 머리를 똑바로 치켜들 수 있는 곳

지식이 자유로운 곳

세계가 좁다란 벽으로 쪼개지지 않는 곳

말이 깊은 진실에서 나오는 곳

완벽을 향한 부단한 노력이 있는 곳

이성의 깨끗한 시냇물이 길을 잃지 않고,

죽은 관습의 모래 속으로 사라져버리지 않는 곳

당신에 의해 마음이 인도되고,

생각과 행동이 지속적으로 넓어지는 곳

그러한 자유의 천국으로,

아버지, 나의 조국을 깨워주소서

타고르가 그린 인도의 모습은 타고르만의 생각은 아닐 것이다. 어쩌면 석가모니와 아소카왕 그리고 간디와 네루까지 많은 사람이 꿈꾼 모습일 것이다.

미래 여권의 모습

하루가 다르게 우리의 생활은 달라지고 있다. 그렇다면 여권의 앞날은 어떨까? 앞으로도 여권이 계속 존재할지에 대한 의문도 가능할 것이다. 여권은 국가가 발행하는 통행허가증이다. 따라서 팝송 〈이매진Imagine〉의 가사처럼 '만약 이 세상에 국가가 존재하지 않는다면(imagine there's no countries)' 여권도 당연히 없을 것이다.

그렇게 되면 사람들은 누구나 국적에 상관없이 가고 싶은 곳을 마음대로 갈 수 있을까? 혹시 국가를 대신한 어떤 단체나 기구가 여권을 발급한다고 나설까? 알 수 없는 일이다. 우리가 국가라는 조직에 속해 있으니 상상도 제한되는지 모르겠다.

확실한 건 여권의 외형적 변화가 계속되리라는 것이다. 벌써부터 관찰되는 변화가 하나 있다. 여권의 재질이다. 지금까지 여권은 종이로 만들어졌다. 그런데 최근에는 플라스틱 재질로 여권의 일부를 만드는 경우가 생기고 있다. 서양 일부 국가에서 지폐를 종이가 아닌 폴리머 재질로 만들기 시작한 것과 비슷한 변화다.

폴리카보네이트라는 플라스틱 재질은 인적 사항 면을 만

드는 데 종종 쓰이고 있다. 독일 여권이 2017년부터 이러한 재질을 사용했고 미국의 신여권도 그럴 예정이라고 한다.

형태 면에서도 변화가 이야기된다. 앞으로의 여권이 현재의 소책자 형태를 버린다는 것도 그중 하나다. 대체 형태는 신용카드와 비슷한 모양의 카드형 여권Passport Card일 것이라는 추측도 있다. 실제로 미국은 이미 카드형 여권을 발급하고 있다. 미국과 인근 국가들, 즉 캐나다, 멕시코, 카리브해 국경을 빈번히 출입하는 미국 국민들은 본인들이 희망하는 경우 카드형 여권을 발급받을 수 있다. 인접 국가가 아닌 외국에 갈 때는 사용할 수 없고 국제선 항공기를 탈 때도 사용할 수 없어 제한적이긴 하다.

일부 학자들은 스마트폰 안으로 여권이 들어갈 것이라고 예측하기도 한다. 날로 발전하는 스마트폰 기술에 신체 정보 인식 기술, 블록체인 기술, 정보통신 기술 등을 결합한다

여권 대용으로 발급되는 미국의 여권 카드.(출처: 미국 이민청 홈페이지)

면 충분히 가능하다는 주장이다. 우리는 그간 소책자 형태의 종이 여권에 출입국심사 도장을 받고 나중에 여행을 회상하곤 했었다. 그러나 미래에는 이러한 되새김질이 호랑이 담배 피우던 시절의 일이 될지도 모르겠다.